競争しないから儲かる!

ニッチな新規事業の教科書

小さな井戸の
金のカエルになる方法

ゼロイチを作る新規事業請負人
経営・営業コンサル

熊谷 亮二

すばる舎

はじめに

私は高校を卒業し28歳で起業をしたあと、次々に新規事業に挑戦してニッチな分野でオンリーワンの４つの会社を作りました。

もちろん、いろいろな失敗もありましたが、成功した事業では、中小企業でありながら数々の大手企業と直接取引ができ、競争とは無縁の経営を32年間行ってきました。

どことも競合しないニッチな事業を手がけていたおかげで、約２００社から買収のオファーを受け、２０２２年にＭ＆Ａによって会社を譲ることができました。

この本では、中小企業の経営者や新規事業担当者、スタートアップを目指す人たちの参考になればと、私の経験を「小さな井戸の金のカエルを目指せ」というテーマでまとめました。

意味深な表現ですが、この言葉の意味は第1章で説明します。

最近はＡＩの発達、ネットショップの普及、大型店舗の進出など社会の外部環境が激しく変わり、商品やサービスのライフサイクルもますます短命になっています。

このような時代に、今のビジネスが未来永劫続く保証はどこにもありません。

今からでも新たな事業を見つけるアクションを起こす必要があります。さもなければ、あなたの事業は時代の変化に対応できなくなるでしょう。

もし、「いや、うちはこのままで大丈夫だ」と思う人は、自分にこう問いかけてみてはどうでしょうか。

「あなたはあなたの今のビジネスを、今から創業しようと思いますか」

少しでも戸惑いがあるのなら、この本でニッチなオンリーワンの会社に生まれ変わる方法を考えてみてください。

自動車産業を例に取ると、今まではトヨタをはじめとする日本の自動車メーカーが世界の自動車市場を席巻してきました。しかしエンジン性能やハイブリッド技術で日本メーカーに勝てないと思ったアメリカ、欧州、中国のメーカーはＥＶ（電気自動車）へのシフトを加速させています。またＥＶ市場では、新興のテスラやＢＹＤなどが勢いを増しています。

ＢＹＤの創業者、王伝福は「私たちはスマートフォンを作るようにＥＶ車を作っている」と言っています。今までの自動車メーカーにはない発想で新ビジネスに挑んでいるのです。

日本の自動車メーカーは、このような新興勢力と対決しないといけません。

現在、ＥＶ市場の上位10位以内に日本メーカーは１社も入っていません。

ＥＶを巡る状況は、最近は揺り戻しがありまた少し変わってきていますが、日本の主要産業ですらこんな状況です。みなさんにとっても、決して他人事ではありません。

この本を手に取ったあなたなら、今の事業に危機感を持ち、時代に適応した魅力的でニッチな事業を探したいとお考えのはずです。でも「ニッチな事業などそう簡単に見つからない」「どうせ失敗する」と、やる前からあきらめていませんか？

実はニッチ事業のヒントは今生活している空間、街の中に常に現れています。少し着眼点を変えるだけで、ビジネスのアイデアやヒントを見つけることができます。そのためには、アイデアを生み出す習慣を自ら作ることが大事です。

アイデアを生み出す習慣は、誰にでも身につけることができるからです。


中小企業は、大手企業のように簡単にナンバーワンにはなれません。良いアイデアを見つけて事業化しても、市場が育ってくると必ず大手が参入し、あなたが開拓した市場を奪っていきます。

ですが特定の分野の小規模な市場（小さな井戸）であれば、みなさんが考える以上に簡単にオンリーワンの事業を創出することができ、高収益を生み出すことが可能です。

そのためには既成概念を取り払い、好奇心を持ち、創造力を高め、行動を起こすことです。


本書には、私が実行してきたニッチ事業を探すアイデア習慣術、ニッチ事業の見つけ方、ニッチアイデアを具現化する方法、大手との取引を開始する方法など、私のビジネスマンとしての32年間の経験やノウハウをあますことなく拾い出し、まとめました。難しい専門用語や複雑な手法はあまり使っていませんので、どなたでも実践できる内容です。

あなたが想像もできない新しい時代はすぐそこまで来ています。事業の構造変換を行い、新たなニッチ事業を作り、企業価値を高められるかどうかは、すべてあなた次第です。

ウォルト・ディズニーはこう言っています。

「新しい世界を開拓し続けなければ、ボクは死んでしまう」

70年も前の言葉ですが、今でも私たちを奮い立たせてくれます。

ウォルト・ディズニーは50歳を超えてから畑違いの新規事業に参入し、ディズニーランドを作ったことは誰もが知る通りです。

ニッチな商品、サービスができると、今までお付き合いできなかった会社や新たな業界とつながることができ、あなたの事業もゲームチェンジできます。

ぜひこの本を読んで、「アイデアを出す習慣づけ」からスタートしてみてください。

アイデアを生み出す習慣ができれば、今の事業の中でもイノベーションを起こすことができ、本業の事業も上向いていくと思います。

そのために本書を役立てていただけたら、これほどうれしいことはありません。

2024年10月

熊谷 亮二

■ もくじ ■

第2章 金のカエルになるアイデア習慣術

第3章 金のカエルのマインドセット

第4章 金のカエルになるビジネスのコツ

第5章 1億円稼ぐ金のカエルになる方法

第6章 アイデアを具現化する秘訣

第7章 市場を広げる営業術

第1章

小さな井戸の金のカエルを目指す

金のカエルとは

みなさんは「金のカエル」を見たことはありますか？　２０２３年、金山《きんざん》で有名な佐渡島《さどがしま》（新潟県）の小学生が発見したことで注目を浴びました。ＤＮＡの異常によってメラニンという黒い色素がないために誕生したカエルで、高知や愛知でも目撃され話題になりました。

カエルといえば緑色のアマガエルがおなじみで、日本全国で普通に見つけることができます。しかし、金のカエルとなるとめったにお目にかかれません。だから希少価値があり、珍しく話題になるのです。

唐突ですが、建設会社をこの緑色と金色の2匹のカエルにたとえてみましょう。

建設会社は、建設業許可業者数だけでも全国に約48万社あるとされています。１匹の緑のカエルは、探せばどこにでもある建設会社約48万社のうちの１社と同じです。

これらの会社は規模の大小はあれども、これといった特徴もなく、どこも同じなので「どうしてもここに頼まなければ」となることはありません。発注側の多くは「相見積もりを取って、安いところに頼めばいい」と思っているはずです。

また、中小の会社であれば大手ゼネコンの下請けや孫請けで安く請け負わされ、売上も伸びず、多くの中に埋もれて目立たない存在になります。

まさに緑のカエルと同じです。

一方、金のカエルのような建設会社とはどんな会社でしょうか。それは、たとえて言えば法隆寺を修理できる宮大工集団のような会社です。

高いスキルを持った専門家集団ですから、高いお金を取ることができます。ただ、法隆寺のようなお寺は何か所もないため、市場はぐっと小さくなります。実際、現在宮大工として働いている人は日本で約１００人程度しかいないそうです。

ごく少数しかない専門性の高い会社は、希少価値の高い金のカエルと同じです。

金額設定もスケジュールも、受注側がイニシアティブを持つことができます。なぜなら、そこにお願いするしかないため、発注側も言い分をのまざるを得ないからです。

緑のカエルなら発注側の言いなりですが、金のカエルになれば、良い条件の中で仕事をすることができるわけです。

そしてもう1つ、**金のカエルの良いところは、大手があとから参入して市場を奪うことがないことです**。なぜなら、金のカエルは小さな井戸（ニッチな市場）に生息しているからです。そこにはクジラのような大企業は入れず、参入したとしても生きていけません。そもそも井戸の中に入ろうとも思わないのです。


さて、緑のカエルと金のカエル、あなたはどちら側になりたいですか？　多くの方は、金のカエルを選ぶでしょう。

では、金のカエルになるにはどうすればいいのでしょうか。

それは、「同業他社の誰もやらない、やろうとしない、できない」ことにあえて挑戦することです。そして、小さな井戸に飛び込み、ひとり勝ちを目指すことです。

生物にとってもっとも重要なのは、生き残ることです。自然界には多種多様な生物が暮らし生きています。そこにはすみ分けや共生の仕組みがしっかりあるから、多様な生物が生存できるのです。

企業も同じです。たとえ小さな会社でも、生存できる環境下で生きていけばいいのです。

ニッチとは何か

金のカエルのような会社になりたいのなら、他社がやろうとしないニッチな商品やサービスを開発し、まだ他社が侵入してきていないニッチな市場で勝負することです。

ところで、「ニッチ」とはどういう意味でしょうか。

「ニッチ」とは、ラテン語の「ニードゥス（nidus）」（巣）を語源とする言葉で、西洋建築で花瓶や偶像などを置くために造られた壁の「くぼみ」を指す言葉として使われていたそうです。

マーケティング用語として使われるようになったのは20世紀の終わりからで、米国の経営学者フィリップ・コトラーらが、ニッチを「より小規模で特定化されたセグメント（区分）」と再定義しました。ここから「ニッチ市場」という考え方が生まれ、特定のニーズや小規模な市場に向けて製品やサービスを提供し、顧客をつかむ戦略を

「ニッチマーケティング」と呼ぶようになったとのこと。

また、米国のブルース・グリーンウォルドやジャッド・カーンは、「企業は直接競合が少ないニッチ市場に取り組むことによって利益率を上げることができる」と述べています。

まさにその通りで、ニッチ事業は高利益を生み、戦わない戦略なのです。つまりこれが、「小さな井戸で勝負する金のカエル」のことです。

2年待ちでも買おうと即決した理由

以前、沖縄に旅行をしたときに、あるお店で気に入った漆喰《しっくい》製のシーサーを買おうとしました。すると、お店の人に「これは2年待ちです」と言われました。そのときの会話は今でもよく覚えています。

「えー！　納期は2年後ですか」

「でも、忘れたころに欲しかった商品が届いたら、うれしくないですか？」

職人さんにこう言われて、そのときは「ものは言いようだな」と思いましたが、実際に商品が届いたときの自分を想像し「確かに待つのも良いかもしれない」と思い直しました。

また、こうも考えました。

「もうこの商品とは出会えないかもしれない」「今日注文しなかったら、もっと納品が延びるかもしれない」「納期が2年待ちということは、それだけ人気があり貴重な商品なのだな」と。

そして、注文しようと決心しました。

最初は、「ネットで購入した商品がその日に到着するような時代に2年も待つなんて」と思いましたが、こんな商売があってもいいなと感心もしました。普通なら「ではいいです、さようなら」と店を出るところですが、「2年待ち」で逆に私の購買即決思考にフックがかかった瞬間でした。

でもこの話のオチはまだあります。なんと、実際に届いたのは5年後でした（笑）。

このお店のように、「ここにしかないニッチな商品」を持つ会社になれば、お客さんが全国から探して注文するでしょうし、たとえ2年待ちでも注文してもらえます。

大手企業では、こんなニッチな商品は売上規模も小さく、手間がかかり過ぎてできませんが、中小企業にとっては利益率の高い事業になります。

いつも値段で勝負し、お客さんの笑顔も見られない仕事より、よっぽどやりがいと達成感があるのではないでしょうか。

遺伝子変異で事業を再生しよう

金のカエルは遺伝子の変異で生まれます。

企業だって、既存事業とまったく異なる新規事業を生み出して、自ら変異しても良いのです。

私はこれまでに4つの会社を創業しましたが、4つともまったく異なる業界で、新規性があり高収益が見込める、金のカエルのような事業を次々と展開してきました。

ほかの誰も参入しない小さな井戸で勝負したおかげで、地方の中小企業ながら、皆がうらやむほど多数の大手企業と直接取引ができる会社になりました。

もしあなたの会社の事業が伸び悩んでいるなら、すぐにでも金のカエルのように遺伝子変異するべきです。そうしないと同類の中に埋もれてしまい、生き残れません。

たとえば建築会社がバーやクラブ経営をしても良いのです。業界が違うと、今まで想像もできなかった発想のバーやクラブができ、ブルーオーシャン市場で勝負できます。

レッドオーシャンからブルーオーシャンへ

多くの競合企業がひしめく競争激化市場のことを「レッドオーシャン」と言います。これに対し、まだ参入者の少ない発展途上の市場を「ブルーオーシャン」と言います。

金のカエルが目指すべきは、言うまでもなく「ブルーオーシャン」です。

緑のカエルが生息するのは「レッドオーシャン」です。

緑のカエルは既存の市場で、既存の顧客を相手にビジネスしています。常に競合会社に存在を脅かされ、価格競争に巻き込まれ、低利益にあえいでいます。

しかし金のカエルは、いち早く誰も競争相手のいないブルーオーシャンを見つけ、オンリーワンの地位を築きます。オンリーワンなので、取引先選びも価格交渉も有利に進められます。利益率の高いビジネスを展開できます。

「ブルーオーシャン市場」に飛び込むベンチャーは、誰もいない海に飛び込む海賊のようなものです。

スティーブ・ジョブズはマッキントッシュを開発するとき、こう仲間に言ったそうです。

「海軍に入るより海賊であれ」と。

海軍は規律が厳しく保守的な組織ですから、なかなか新しい発想は生まれてきません。しかし海賊は、何の縛りもなく自由な発想で未知の海に飛び込み、お宝をごっそりひとり占めすることができます。**中小企業が目指すべきは、まぎれもなく海賊のほうなのです。**

アイデアがあれば技術がなくても金のカエルになれる

金のカエルになるためには、ニッチな商品や事業が必要です。そのためには、まずは元になるアイデアが必要です。アイデアがなければスタートラインにすら立てません。アイデアのない、どこにでもあるような商品は、価格競争に突入して緑のカエルの中に埋もれていきます。

私は最初、あるメーカーの代理店として事業をスタートしました。しかしメーカーの言いなりになるのがいやで、自分がメーカー側になるにはどうしたらいいかを常に考えていました。

これが最初のニッチ事業を考えるきっかけとなりました。

なぜメーカーになりたかったのか。それは、メーカーになれば販売価格を自由に設定できるからです。また、メーカーの代理店は、メーカーが作った戦略やコンセプトに従ってモノを売るだけで、自分の個性を発揮しようがありません。自分の采配で自社をオンリーワンの企業にするためには、メーカーになるしかないと思ったのです。

あるメーカーの代理店をしていたころ、こんなことがありました。苦労して顧客を開拓し、ようやく売れ始めた商品を、メーカーから突然「この商品は半年後に廃盤になる」と言われたのです。まったく勝手な話だと思いましたが、代理店はメーカーの意向に従うしかありません。そんなこともあって、「自分もメーカーになろう」という思いを強くしました。

しかし当時は、メーカーになるための知識も技術もなく、どうしたらいいのかと悩みました。

そこで私が最初に考えたアイデアは、**海外のニッチな商品をOEM（相手先ブランドでの製造）で生産し、日本で輸入販売すること**でした。

この方法であれば、技術や研究施設がなくてもオンリーワンの商品が持てます。私は東京の大韓貿易投資振興公社（KOTRA）を訪れ、日本への進出を希望している韓国メーカーの商品カタログを入手し、面白いと思った韓国メーカーを訪問して日本代理店契約の大筋合意を取りつけました。

「日本にはまだない海外メーカーの製品の代理店になれば、日本ではオンリーワンになれる」と考えたのです。私は本契約までこぎつけ、二度目のアポイントで無事に日本総代理店となることができ、実際にある製品でオンリーワンになることができました。これが私の最初の成功体験でした。

行動を起こさなければアイデアは形にならない

多くのアイデアは、せっかく浮かんでも、すぐに行動に移さないので実現できずに消えていきます。人間は人から聞いたことでも、その大半は翌日になれば忘れてしまいます。**重要なのは、アイデアが浮かんだらすぐにそれを咀嚼《そしゃく》して、なんらかのアクションを起こすこと**なのです。

アイデアで成功した人に対して、よくこんなことを言う人がいます。

「それ、私も考えたことがあるけどさ……」

こういう人は、考えただけで次の行動を起こしていないのです。行動をする人としな

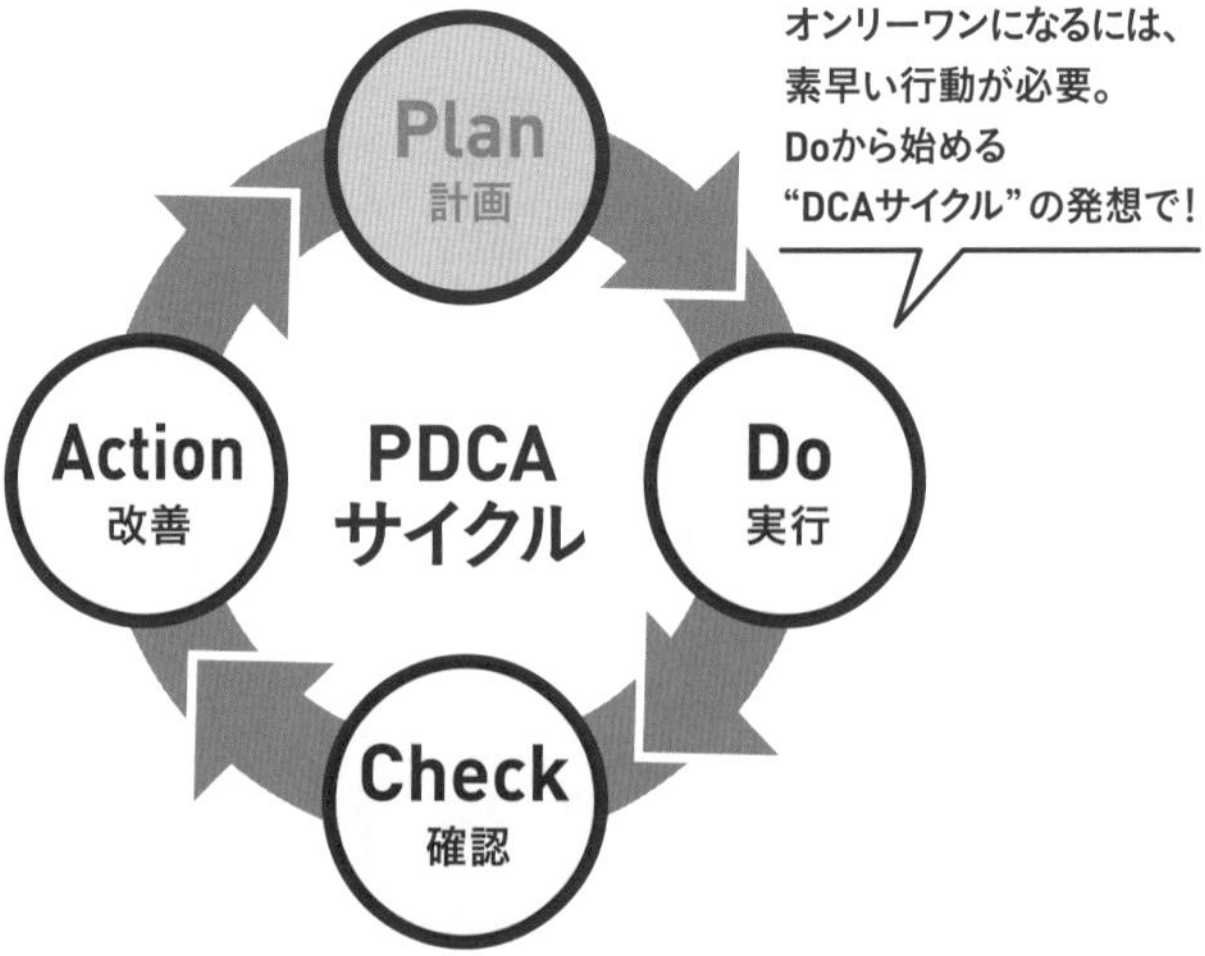
オンリーワンになるには、
素早い行動が必要。
Doから始める
"DCAサイクル"の発想で！
Plan
計画
Do
実行
Check
確認
Action
改善
PDCA
サイクル

い人の間には、天と地ぐらいの開きがあります。その後の人生も大きく変わってくるでしょう。

またアイデアが浮かんだら、「こんなアイデア、みんな考えているだろうな……」と否定的に考えないことです。

実際にそうだとしても、そのアイデアが世の中に出ていないのは、誰も行動を起こしていないからです。

オンリーワンになるには、スピードが要求されます。アイデアが出たならば、素早く次の行動を起こすことです。

PDCAサイクルはみなさんもご存じだと思いますが、P（Plan）を省いて、D（Do）から始めるDCAサイクルの発想が大事です。

頭で考えてばかりいると、できない理由やリスクばかり考え、結局、はじめの1歩が踏み出せなくなります。検索して調べる、人に相談するなど、どんなアクションでも良いので、まずは1歩を踏み出しましょう。

金のカエルは周囲が勝手に宣伝してくれる

緑のカエルは、みんなと同じように緑の葉っぱの上にいますから目立ちません。しかし、金のカエルはダントツに目立ちます。

金のカエルを見つけた人はすぐさまSNSなどで話題にし、勝手に宣伝して存在を広めてくれます。

金のカエルはオンリーワンの存在なので、下請けに甘んじることはありません。それどころか、1社独占の特命契約をしたがる企業が後を絶たないでしょう。こちらの言い値で価格が決まり、価格競争に陥ることもありません。

また、金のカエルは保守的で安定志向の大企業ではなかなか生まれません。仮に奇抜な発想が出てきても、採用されないか、採用されるまでに長い時間がかかります。

古い伝統や業界の常識に縛られず、発想が柔軟で、フットワークの軽い中小企業のほうが金のカエルが生まれやすいのです。

金のカエルが住む小さな井戸には敵も現れず、長くオンリーワンをキープし続けられます。勇気を出して井戸に飛び込んだ金のカエルは、敵も現れないため長く生きることができます。

小さくて弱い存在のカエルでも、きらりと光り輝く金のカエルになれば、他の追随を許さない魅力的な会社に生まれ変わることができるのです。

未知の世界に飛び込む勇気を持つ

日本人は失敗を恐れ、あまり挑戦したがらない傾向があります。

一方、アメリカには「失敗してもいいじゃないか」という文化があります。

日本とアメリカの違いは、日本では「失敗＝失点」と考えますが、アメリカでは「失敗＝新しいことに挑戦した＝加点」と考えること。だからアメリカではイノベーションが起こりやすいのです。

日本の労働者はアメリカと比べると手厚く保護されているので、わざわざ安定した生活を捨てて独立し、ベンチャーを立ち上げようという人はあまりいません。

イノベーションは安定からは生まれず、逆境の中から生まれるものです。また、イノベーションを起こすにはハングリー精神が必要です。

残念ながら、日本にはハングリー精神のある人が減ってきているように思います。

イノベーションを起こす人は、最初からイノベーションを起こそうと考えているわけではなく、自分のやりたいことをやり切った結果、新しい価値が生まれ、周囲から「イノベーションを起こしたね」と認められるというのが実際のところです。イノベーションを生み出す人は野心家で失敗を恐れず、人を巻き込むカリスマ性があります。

日本でも、このような人がもっと出てきてほしいものです。

目標ありきではなく、自分の資源ありきで考える

最近、アメリカで「エフェクチュエーション」という考え方が話題になっているそうです。

インド人経営学者サラス・サラスバシーが、著書『エフェクチュエーション：市場創造の実効理論』（加護野忠男監訳、高瀬進・吉田満梨訳、碩学舎刊）の中で提唱した理論で、優れた起業家に共通する意思決定プロセスや思考（考え方）を発見・体系化したものだそうです。

「エフェクチュエーション（Effectuation）」とは、予測や計画をもとに行動するのではなく、どうせ将来のことは予測がつかないのだから、今自分が持っている資源（自分の知識、能力、経験、人脈など）を使って結果を出していくアプローチ方法のことを言い、現代のように将来の予測がつきにくい「ＶＵＣＡ（ブーカ）の時代」に有効だとされています（「ＶＵＣＡ」とは、〈Volatility：変動性、不安定さ〉〈Uncertainty：不確実性〉〈Complexity：複雑性〉〈Ambiguity：曖昧性〉の単語の頭文字を取った造語）。

そしてこれとは逆に、先に売上目標などを設定して、そのために最適な方法を探っていくアプローチ方法を「コーゼーション（Causation：原因・因果関係）」と言います。多くの企業は、こちらの手法で意思決定をしているのではないでしょうか。

どちらのアプローチにも一長一短があります。しかし、現代のように将来の予測がしにくい不確実な時代にニッチなアイデアで抜きん出ようとするなら、エフェクチュエーションのほうが有効ではないかと思います。実際、ＧＡＦＡ（Google、Amazon、Facebook、Apple）に代表される優れた会社の起業家は、エフェクチュエーション思考で意思決定をしているのだそうです。

金のカエルを目指す中小企業にもこの考え方は有効です。

振り返ると私自身、それとは知らず、エフェクチュエーションの思考で事業を行ってきました。最初から目標を決めるのではなく、まずは今できることをやりながら、その過程で出会える人たちと事業を完成させていく。未知の出会いによる化学反応も当然起こるので、そのつど柔軟に対応していく。その結果、最初は想像もしなかった新しい事業が生まれていくのです。

勝率3割でも会社は儲かる

新規事業を立ち上げたいと思っても失敗が怖くて踏み切れない、今のままでもなんとかやれているから、あえてリスクを負う必要はない、と考える人は多いと思います。しかし、挑戦しなければ失敗しない代わりに成功もありません。劇的な技術革新や業界再編が起こっている今の時代、何もしなければ衰退していくだけです。

ホンダ創業者の本田宗一郎も言っています。

「失敗を恐れるよりも、何もしないことを恐れろ」と。

まずは、これまでにない新しいことを始めようとしたら、10戦10勝とはいかないことを理解してください。しかし首尾よく金のカエルになれれば、競合もないためひとり勝ちできます。ニッチ事業なら、10戦3勝7敗でも高利益を生み出すことができるのです。

「でも、7回も失敗するの?」と思う人がいるかもしれませんが、10回挑戦したから

こそ、3回の成功があることを忘れてはいけません。

もしあなたが経営者で新規事業を部下に任せているなら、部下が10回挑戦したことをほめるべきです。あるいはあなたが新規事業担当者で、「稼ぎもしないでのんきなもんだ」と陰口をたたかれていたとしても、気にしてはいけません。そういうふうに言う人は、もとより新しいことなどできない人だからです。

私もいくつかの事業や商品を開発してきましたが、だいたい勝率は3割ぐらいでした。それでも、私はその3割の成功で生き残ってきました。

テスラのCEOのイーロン・マスクはこんなことを言っています。

「失敗なんて、1つの選択肢にすぎない。失敗することがなかったら、どうしてイノベーションを起こせるだろう?」

日本には、こんなふうに言える経営者がどれだけいるでしょうか?

損失の許容範囲を決めておく

失敗を恐れてはいけません。しかし、本業にダメージを与えるような失敗をしてもいけません。見込みがなければ、撤退する勇気も必要です。

では、どこで撤退の決断をするか。これは経営者の手腕が問われるところです。私は新規事業をスタートするときに、「この事業や商品で、どこまで損失に耐えられるか」を前もって考えておきます。

商品の場合はまず小ロットで生産して市場の反応を見ます。見込みがなければ早々に生産を中止して、また新たな商品を探して挑戦する。これを繰り返してきました。

中小企業には、大手企業のようなマーケティング力はありませんし、綿密なリサーチやマーケティングをしても、今の時代はそれが当たるとは限りません。また、金のカエルが狙うのは、これまで世の中になかったニッチな市場ですから、過去のマーケティング理論が当てはまるかどうかもわかりません。

であれば、**「走りながら考え、考えながら走る」**路線で行けばいい。それができるのが、中小企業のメリットだと思います。

失敗をプラスに変える方法

失敗なしに成功はあり得ません。しかしどうしても失敗に対してのネガティブな印象が拭えないなら、失敗をプラスに変える方法を知っておきましょう。

一番簡単で確実な方法は、**失敗を全社員で共有すること**です。「こうやったら失敗する」ということを知れば、同じ過ちはなかなか起きなくなります。人の失敗経験も共有することで、自分の引き出しが増えることになります。

私は以前、自社内で毎年「チャレンジ失敗大賞」と「成功大賞」を発表し、大賞を取った社員には金一封を贈呈していました。このために社員は、失敗をわざわざ1年間記録して提出しなければなりません。どんな社員でも必ず1年間に2〜3件くらいは失敗があるものです。当初は抵抗があった社員もいましたが、次第に「失敗は、誰にでも起きることだよな」という共感が生まれるようになりました。また、失敗を全社で共有することで、再発予防にもなりました。

失敗に関するハードルが下がれば、失敗を皆で受け入れる文化ができ、仕事以外のいろいろな会話もできるようになります。

誰もが失敗は「恥ずかしい」「人に知られたくない」と考えがちですが、失敗を隠すことで次の大きな失敗にもつながります。

失敗は企業の財産です。失敗の中に成功へのヒントが隠れていることもあるので、しっかり記録することが大事です。

「あの事業ってどうして失敗したんだっけ？」と聞いても、誰もわからないということがないようにしましょう。

業績が良いときこそ危機感を持つ

金のカエルを目指しニッチな事業を始めるにあたって、気をつけてほしいのはタイ

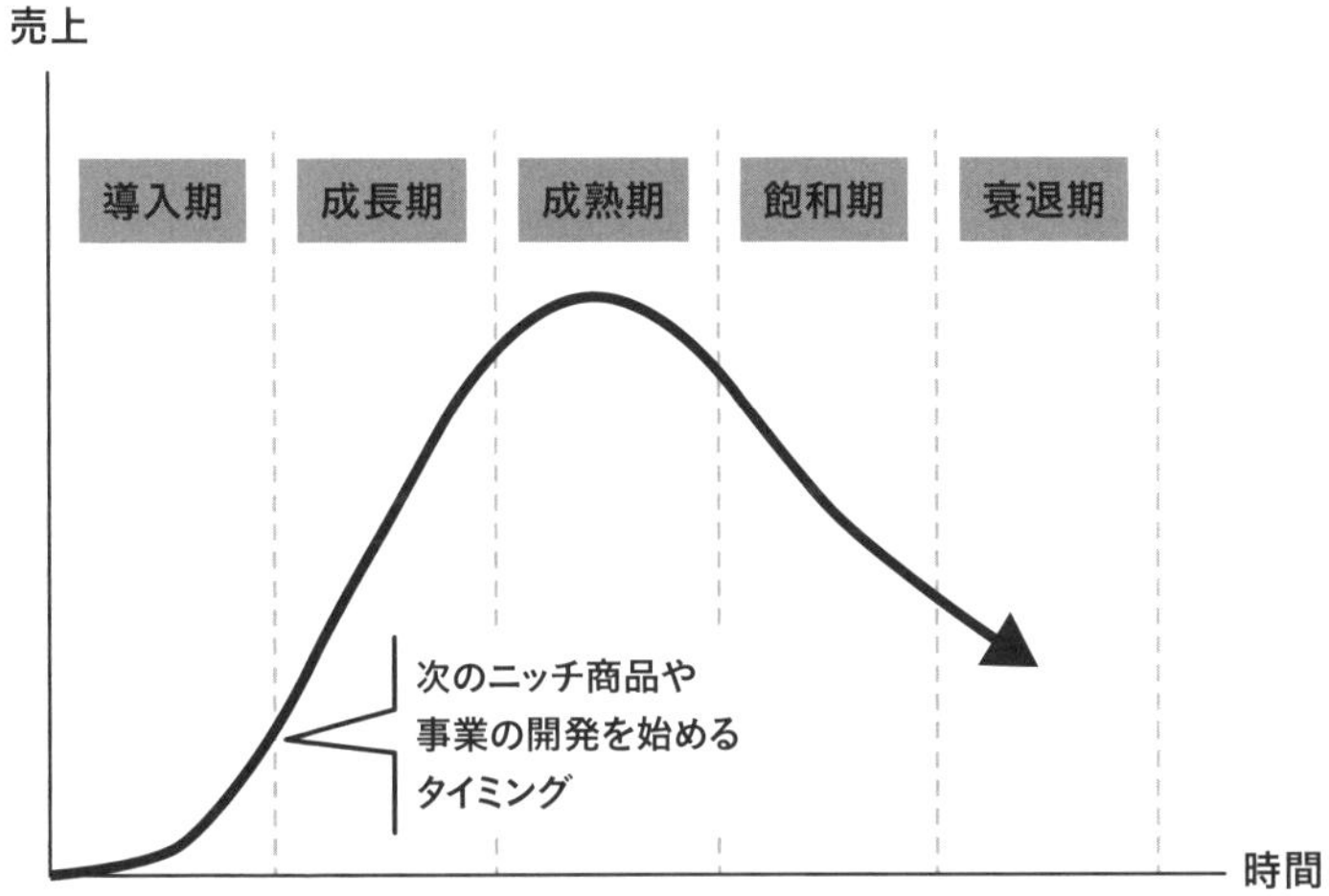

ミングです。

成功するには、ある商品がプロダクトライフサイクルの中で「導入期」を超えたタイミングで、早々に次のニッチ商品や事業の開発に手をつけることが必要です。その商品が本当にヒットするかどうかは、誰にもわからないからです。ダメだったとわかったときに「さあ、次は何をしようか」では遅すぎます。

とはいえ、導入期の段階で「ダメだった場合」を考える気持ちにはなかなかなれないもの。メンタルブロックを破って先へ先へと手と視点を動かすには、常に好奇心を持ってアイデアを探し出す習慣を身につけておきましょう。

業績が良いときこそニッチな商品・事業を考

えておかないと、会社がじり貧になったときには開発資金も気持ちの余裕もなくなり、日々の仕事をこなすことで精一杯になってしまいます。

業績が良いときこそ、危機感を持ちましょう。

業績良好なときは「この状態はまだまだ続く」と考え、調子に乗って高級車を買ったり豪遊したり、無駄遣いをしてしまいがちです。周りから「すごいですね」「さすがですね」と言われて有頂天になるものです。

私にもそんな時期がありました。しかし業績が悪くなって「なんであのとき、あんな無駄遣いをしたのだろう」「どうして何も考えず、のんきに過ごしていたのだろう」と反省したことがあります。しかし、それでは遅いのです。

多角化経営が危機を救う

事業をしていると、良いときも悪いときもあります。大事なのは、業績が悪くなっ

倒産企業の平均寿命と業歴別件数の構成比推移

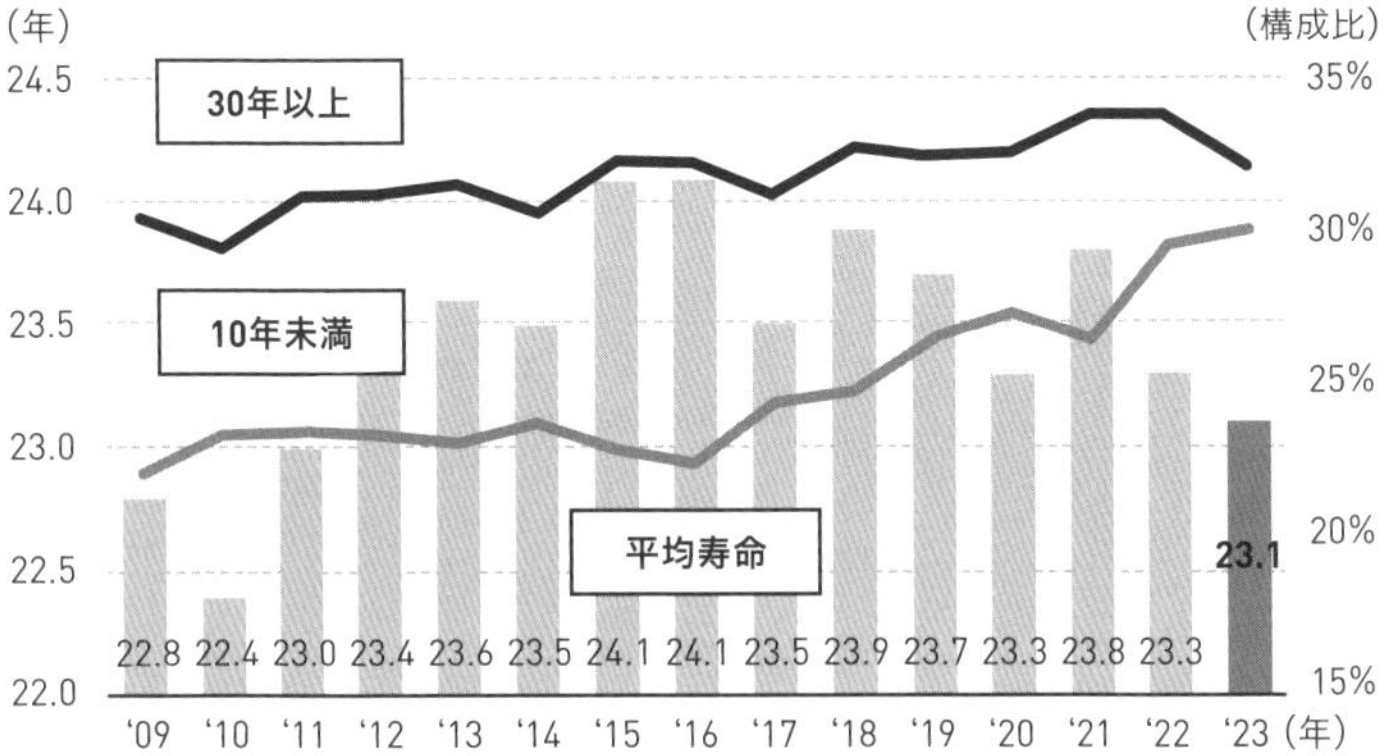

※倒産した企業のうち、業歴が判明した企業をもとに算出した

東京商工リサーチ調べ
https://www.tsr-net.co.jp/data/detail/1198412_1527.html

て「無駄遣いをしなければ良かった」「もっと危機感を持つべきだった」と後悔したら、その気持ちをしっかり肝に銘じ、忘れないことです。たいていの人は業績が復活すると、反省していたことを忘れて同じ過ちを繰り返すからです。

極端なことを言うと、会社はつぶれるものだと考えたほうが良いのです。

中小企業白書（2017年）によると、起業後の企業生存率は、起業から1年で95・3％、2年で91・5％、3年で88・1％、4年で84・8％、5年で81・7％。

5年で約2割の会社がなくなっています。

また、企業の寿命は平均23・1年とも言われています（東京商工リサーチ調べ、2023年）。

多角化経営のイメージ図

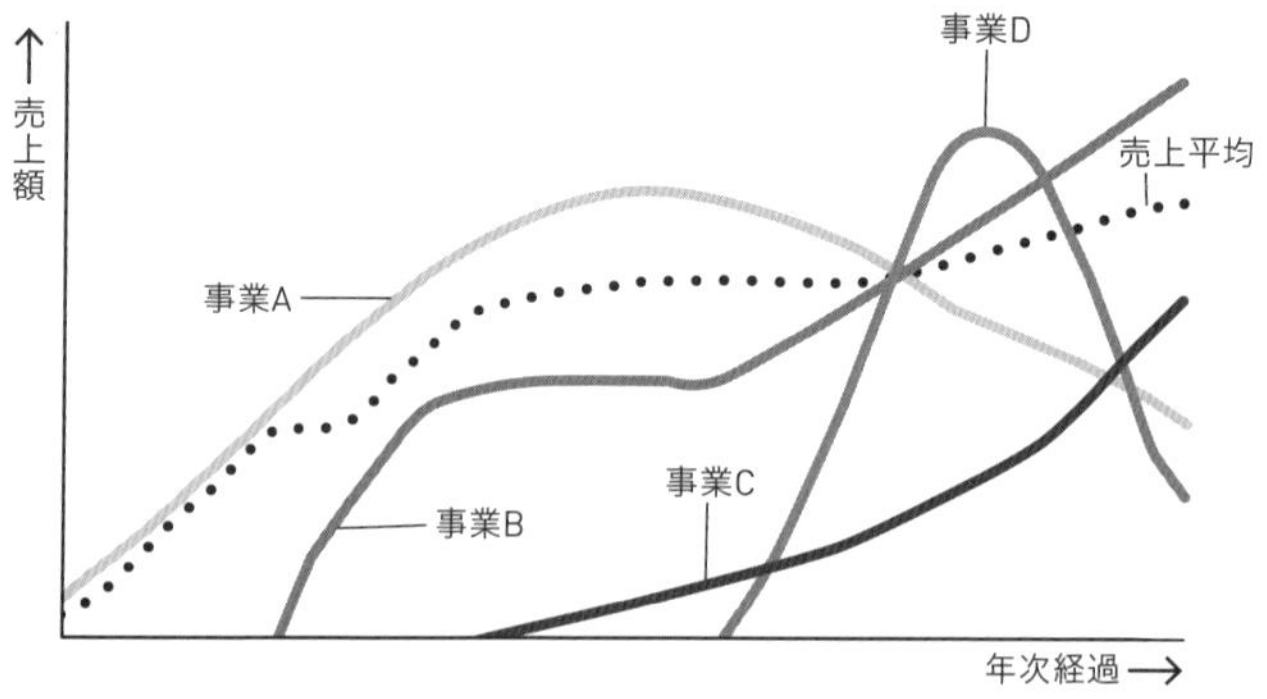

経営者は油断してはいけないのです。

私が次々と新しい事業を立ち上げたのも、この恐怖心があったからです。上の図に示したように、複数の事業を持っていれば、業績に波があっても互いに補完し合えるからです。

異なる分野の商品・事業を同時に走らせていると、業界の動向も異なるため、１つの事業が低迷しても、もう１つの事業でカバーするなど、互いに補い合うことでリスクヘッジができます。

本業の防衛策としても、多角化経営は必要です。

哲学者ニーチェは「脱皮できないヘビは死ぬ」という言葉を残しています。

自ら進化の圧をかけていかないと、ゆでガエルのようにじわじわと死んでいきます。

大事なのは、変化を先取りして未来志向を持ち、来たるべき未来を逆算して、常に手を打っていくことです。

「伝統的な会社で働くことは魅力的だが、誰も〝古臭い会社〟で働きたくはない」

これは米GE（ゼネラル・エレクトリックス）の元CEO、ジェフ・イメルトの言葉です。

アマゾンの創業者、ジェフ・ベゾスはこうも言っています。

「君の仕事は、昨日の君の仕事を全部叩き壊すことだ」

新しい事業や商品に取り組むと、会社自体も明るく前向きな雰囲気になり、社員も希望を持って仕事を進めてくれます。

良いときにも悪いときにも、次の手を打つのはとても大切なことなのです。

第2章

金のカエルになる
アイデア習慣術

アイデアはどこにでもある。キャッチできていないだけ

アイデアとは、新しい発想、工夫、考え、思いつきのことを言います。アイデアはあなたの概念や思考の中で形成され、新しいものを生み出す原動力になり、活動の起点となります。

また、アイデアはしばしば、自分の中にある既存の情報や知識、概念が組み合わさることによって生まれます。

スティーブ・ジョブズは「創造力とは、いろいろなものをつなぐ力だ」と、伝説的なスタンフォード大学の卒業式のスピーチの中で述べています。

「一見関係性のない過去に経験したさまざまなできごとが、あとになって結びつき、新しいアイデアが見出される」のです。

現代社会の発展はすべて、人間のアイデアからスタートしています。ハサミやペン、消しゴムなど身近にあるさまざまな道具も、誰かのアイデアから生まれたのです。

アイデアはいたるところに存在します。街を歩いているとき、人と話をしているとき、本を読んでいるとき、遊んでいるときなど、日常生活の中にアイデアを生むヒントが存在します。

まずは好奇心を持って生活しましょう。そうすると、普段の生活や会話の中から「おや?」と思うことが浮かんできます。

頭のいい人がアイデアを出しやすいかというと、そうでもありません。むしろ頭のいい人は知識が想像力の邪魔をしてしまい、面白味のない常識的なアイデアを出しがちです。

アイデアとは特別な人だけにひらめくものではなく、誰にでもひらめくものです。しかし、多少の準備や習慣づけをしておかないと、ひらめかないものでもあります。

特に新規事業や商品・新サービスのアイデアは、普段から探し求める姿勢が大切です。アイデアによって解決したい問題を抱えているのであれば、普段から頭の中に課題をしっかりインプットしておき、自分の中で常に意識して、潜在意識にプレッシャーを与えておきましょう。

普段から意識していないと、身の周りにアイデアのヒントが転がっていても、それに気づけません。あなたに必要なアイデアのヒントは、実はいたるところに転がっているのです。それらをしっかりキャッチするために、以下の8つの習慣を身につけるよう心がけましょう。

習慣① 常に課題について考え続ける

アイデアを生み出すために、どのような習慣をつければいいのでしょうか。

アイデアを生み出すには2つのパターンがあります。

1つは、具体的な課題があり、それについて日々考えていると突然ひらめくもの。もう1つは、特に何も考えていなくても突然浮かんでくるものです。

習慣によって強化できるのは、1つめのパターンです。

すでに述べたように、以前、私は韓国メーカーの日本代理店となり、日本でのオンリーワンを目指しました。このとき私は、「メーカーに振り回されるのはいやだ、自分がメーカーになりたい」とずっと思っていました。常に課題について考えていたから、「海外で成功している事業を日本に持ち込めばいい」というアイデアがひらめいたのです。

もしあなたが課題に思っていること、こんなことをやりたいと思っていることがあれば、それを頭の中に刻み込み、常に意識しておきましょう。そして、**ひらめきが起きたときに、自分の考えていた課題としっかり連結させること**です。

普段から頭の中で考え続けることが大事です。常に意識していなければ、アイデアはひらめきませんし、もしひらめいても課題と連結させることができず、せっかくのアイデアがスルーしてしまいます。

課題をしっかり頭の中に入れて、常にアンテナを張っていれば、情報が引き寄せられ、ふとしたときにアイデアが出てきます。

アイデアは常にあなたの周りに存在します。それをしっかりキャッチする習慣をつけてください。

習慣② 疑問や驚きの理由を真剣に考える

これから何をしたいのか、まだ考えがまとまっていない人は、積極的に外に出かけたり、人に会ったりしましょう。好奇心を持って何か変わったことがないかを探しながら歩いたり、人と話したり、移動したりすることが大切です。

好奇心を持ち続けていれば、どんな小さなできごとにも疑問や驚きがあるはずです。逆に好奇心を持たなければ、せっかくのヒントもアンテナにひっかかってきません。

直接仕事に関係がないことにも好奇心を持ち、疑問を持つことを習慣にしましょう。さらには、その疑問や驚きに対して、自分なりに考え、答えを出して決着をつけていくことです。

「なぜこれが売れているのだろう」「なぜこれはこんな形をしているのだろう」「なぜここに人が集まるのだろう」など、疑問や驚きを言葉にし、それに対して、「ここがほかと違う特徴なんだな」「こうすると便利だからだな」「あえて見つかりにくい場所にあるからだな」と、自分なりの結論づけをしておきましょう。決して放ったらかしにしないでください。

せっかく疑問や驚きを持っても、放ったらかしにしておくと、すぐに忘れてしまいます。最初の感動も薄れてしまいます。

わいてきた疑問や驚きについて、真剣に考えて答えを出す。これをぜひ習慣にしましょう。そうすると、また次の驚きや疑問が現れてきて楽しくなりますし、1つ、また1つと疑問に対する結論が出ると、それらがあなたのひらめきの引き出しを増やすことになります。

習慣③　多くの体験をする

誰にでも、1日24時間という時間は平等に与えられています。その24時間を充実させて過ごすのも、だらだら過ごすのも自由です。でも、もしあなたが成功したいなら、できるだけ多くの体験をしましょう。体験が多ければ多いほど、アイデアが生まれる可能性も高まります。

特にニッチな事業や商品のアイデアは、ほかの人が経験してないことをしているときに生まれるものです。そこから生まれる商品やサービスは小さなマーケットかもしれませんが、中小企業にはちょうど良い規模感の市場になることが多いのです。

人と会って話をしているときに、もしあなたが知らないことがあった場合は、わかるまで教えてもらいましょう。恥ずかしいとか、ばかにされると思って疑問をあと回しにすると、せっかくのアイデアのチャンスを逃すことになります。

習慣④ 何にでも疑問を持って その場で聞いてみよう

私は街歩きやウインドーショッピングをしているとき、人の着ているもの、持ち物、店頭に並んでいるものなどなど、あらゆるものに疑問がわいてきます。そして疑問を持つと、お店の人や知らない人にでも必ず聞くことが癖になっています。

知らない人に聞くのは恥ずかしい、突然話しかけると変な人と思われる、と思うかもしれませんが、案外、聞かれたほうも喜んで答えてくれるものです。

たとえば街中で変わったカメラを持っている人がいたら、「そのカメラ、変わっていますね。何年前のどこのメーカーですか」などと声をかけることがあります。おそらくはその人も何かこだわりがあってそのカメラを持っているのでしょうから、聞かれていやな気はしないはずで、喜んで答えてくれます。私が聞いた以上のことをいろいろ話してくれたりもします。

そのおかげで、私は疑問が解決するだけでなく、知らなかった知識を増やすことができます。

習慣⑤　なぜここに？　何のために？　と考える

以前、北海道へ旅行に行ったとき、「これはなんだろう」と思ったものがあります。みなさん、これは何かわかりますか？（54ページ写真A参照）

写真A

写真B

これは融雪時の道路標識で、除雪車が道路の道幅を確認するためにあるそうです。

こんなふうに普段見かけないものに疑問を持ち、「なぜ？　何のために？」と考えていると、アイデアが浮かぶことがあります。ただぼんやり景色を見るのでなく、上下左右に注意を払って見るようにしましょう。

写真Bは、歩道で時どき見かけるものです。何だと思いますか？

これは「路上変圧器」というものです。変圧器は、通常は電柱の上にあるのを見かけるのではないでしょうか（**写真C**）。

「上にあるものが、なぜ下にもあるのだろう」と疑問を持って周りを見渡してみると、理由が見えてきます。路上変圧器が設置されている場所は周りに電柱がありません。全国の繁華街などでは無電柱

写真C

化が進められていて、電線が地下にある地域があり、そうした地域では歩道に変圧器が設置されているのです。

このように、普段上にあるものが下にあったりすることに気づくだけで、それが視点を変える助けとなり、アイデアにつながることがあります。

習慣⑥　なぜ安い？と考える

私は「なぜ今日はこの商品の価格が安いのだろう」と気になると、気候変動や原材料相場を調べたり、時には生産地を見に行ったりして、安い理由を納得するまで調べることがあります。

また、「なぜこんなに価格が高いのか」と疑問を持った商品からは、付加価値のつけ方、ブランド戦略、売り方、ターゲットなど、さまざまな観点から調べます。すると「こうすれば高くしても売れるのか」とヒントを得られたり、ビジネスの仕組みが理解できたりします。

ビジネスパーソンは価格に関しては常に関心を持っておくようにしましょう。それがアイデアのタネになります。

習慣⑦ 色や形にも疑問を持つ

色に疑問を持つこともあります。「なぜ黄色の財布の新聞広告がよく入るのか」と気になって調べると、風水の教えで古くから黄色の財布はお金の貯まる色とされているため、人気が高いことがわかりました。

ポカリスエットのボトルが、なぜブルーなのかが気になって調べたこともあります。業界では飲料のボトルに寒色を使用するのはタブーとされてきたそうですが、クールでさわやかなブルーと白い波をイメージして、あの青と白のデザインが誕生したそうです。当初は自動車用のオイル缶みたいだと揶揄《やゆ》されたそうですが、今では多くの飲料メーカーがブルーを使用しています。

「なぜこの形なのか」も気になるポイントです。コカ・コーラのビンの形は、暗闇でも触ってすぐにコカ・コーラだとわかる形状にしていると言われています（女性の身体のラインをモデルにしたという説もあります）。

その他、形状や機能、デザインにも「なぜこうなのか？」と疑問を持つことで、作り手側のストーリーやコンセプト、ユーザーのニーズに合わせた工夫などを感じることができます。

日常のさまざまなできごとをただ受け入れるのではなく、「なぜここにあるのか、なぜ価格が安いのか、なぜこの形なのか」と疑問を持ちましょう。好奇心を刺激できますし、物事を深く理解しようとする姿勢ができます。深く考える力がつき、新たな発見に敏感になります。

疑問を持ち、疑問について考えることが習慣になると、ただの街歩きも発見と驚きに満ちた、楽しい時間になります。

習慣⑧　常識や慣習、ルールを疑ってみる

あなたは「エスカレーターの片側空け」の慣習についてどう思っていますか？「皆がしているから」と安易に従っていませんか？

「エスカレーターの片側空け」のルールは、イギリスでの慣習が１９９０年代の半ばごろから日本に広まったものらしく、法律で決まったものでも、鉄道会社が定めているルールでもありません。むしろ今では、片側を空けると空いたほうを歩く人がいて危険なので、「両側に立ち、手すりをつかむ」ように鉄道各社は呼びかけています。

私は常識や慣習、ルールなどは「なぜ？」と疑ってかかることにしています。「皆がしているから」という理由だけで何かのルールに従うことはありません。

まじめで従順な日本人は、疑うことなく、時の権力者が自分たちに都合良く作ったルールをしっかり守ります。これは思考停止と同じことです。

もちろん違法はダメですが、当たり前に従ってきた常識やルールでも一度立ち止まっ

て、「これ、本当にそうじゃないといけないの？」と疑ってみることをおすすめします。

当たり前を疑うことからビジネスチャンスは生まれます。

ルールを疑ったから生まれた新ビジネス

私は、大手3社が独占していた蓄電池（バッテリー）の市場に、新規参入した経験があります。当時、使用済みの蓄電池は、産業廃棄物として処理することが奨励されており、「特定産業廃棄物に当たる使用済み蓄電池を廃棄する際には使用者が費用を業者に支払う」ことが法律で定められていました。

しかし、蓄電池の80％以上は鉛です。そのため廃棄物ではなく有価物として収集し、リサイクルすることが可能なのです。それを知った私は、使用済み蓄電池の買取事業を全国でスタートさせました。

もちろん違法なことはできませんので、事前に環境省本庁にこの事業が法にふれるかどうかヒアリングに行きました。そのとき、環境省の職員には「普通、回収業者はお客さんからお金をもらって蓄電池を回収するのに、あなたはお客さんにお金を払って蓄電池を買い取るのですか？　それは真逆ですが本当ですか」と言われました。

私は「はい、そうです。十分価値がありますので、お客さんから買い取ります」と答え、詳しくビジネスフロー図を使って説明しました。

この説明を聞いた職員は、最後に「そんなことができるのですか。もちろん合法ですので進めてください」と言ってくれました。

世の中の多くは、国や大手企業に都合の良いルールで回っていて、消費者が損をすることも多いのです。それを疑問に感じることなく受け入れていませんか？

当たり前と思っていた常識や慣習、ルールでも、「なぜ？」と一度は疑ってみましょう。そこから、イノベーションやニッチなビジネスのタネが見つかるかもしれません。

人の流れと逆方向に歩いてみる

人と同じことをしていても、常識的な発想しか生まれません。
ソニー創業者の1人、盛田昭夫さんもこう言っています。
「自分を開発し発展していくためには、他人と同じ行動をしてはならない」

通勤時間の駅周辺は、一方向に人が流れていくものです。このとき、たとえば人の流れとは逆の方向に歩いてみる。普段は一方向に人が流れますので人の背中しか見えませんが、逆方向に進むことによって人の正面を見ることができます。これだけでも、大きな違いがあります。

大事なのは**「人と同じものを見ない」と意識して、人と違うものを見ようと努力すること**です。普段、車の運転席に座っている人は、たまに助手席に座ったり後部座席に座ったりすると、車内や車窓からの景色が違って見えます。後部座席に座ってはじめて「自分の車には、こんな装備があるのか」と気づくこともありますよね。

普段と違う行動をするだけで、新しい発見があるものです。

以前、こんなことがありました。あえて人の流れと逆方向に歩いていると、何十年ぶりかの知り合いと正面から出会い、声をかけられました。何十年ぶりだとお互いの見た目も変わっていますから、後ろ姿を見ただけではわからなかったでしょう。人と逆に歩いたからこそ、こんな偶然が起こったのです。

人の流れに逆らって歩くのは恥ずかしいと思うかもしれませんが、普段できないことをやってみると、新しい発見があるものです。

私は人から「変わってますね」とよく言われますが、それは「周りの人と違って個性がある」という最大の「ほめ言葉」だととらえるようにしています。

ニッチな商品を考えるなら、人と同じ考え方・行動ではなかなか見つけにくいからです。あえて意識して、人と違った行動をしてみましょう。

たとえば近年、昭和の製品が「レトロで面白い」と若者に受け入れられているように、皆が見向きもせず、なくなりつつあるものを探すのもいいと思います。徹底して人がやっていないこと、注目していないものを探し出し、その中から選択すると、効率よくニッチな商品を見つけることができます。

金のカエルになりたいのなら、このような考え方を持たなければなりません。決して難しいことではなく、少しの行動変化を起こせば誰にでもできます。そのように生きていると、ますます好奇心がわいてきます。

同じ方向を向いていても、自分と他人が同じ景色を見ているとは限りません。たとえば同じ山のほうを向いていても、ある人は木を見ていて、別のある人は鳥を見ているのかもしれません。あるいは電線を見ているのかもしれません。人それぞれに着眼点は違います。

山のほうを向いて電線を見ている人は「人と違うものを見る」中でもかなりの上級者です。

自分に「人と違うものを見てやるぞ」と言い聞かせ、そういう意識で生活をしてみると、アイデアのヒントが見つかるでしょう。

異業種の人からアイデアをもらう

固定観念にとらわれていると、なかなか良いアイデアが浮かびません。

グーグルには、勤務時間の20％は通常の仕事以外のことをするという「20％ルール」があるそうです。アイデアを生み出すためには理にかなったルールです。新しい発想は、いつもとは違うことを行ったときに生まれやすいからです。

いつものルーティンや固定概念から外れて、アイデアの幅を広げてみましょう。

それには、**異業種の人たちと話をしたり、年齢の違う若い人たちと話をしたりすることを**おすすめします。また、他人の事業の相談にのったりするのもいいでしょう。業界の垣根を越えた情報をもらえるので、自分にとってもプラスになります。

自分と同じ業界での集まりだけに参加する人がいますが、いつもと同じようなメンバーで、同じような話題ばかりでは新鮮味がなく、新しい発想もなかなか生まれてきません。

あなたの周りでアイデアマンを探す

もし親しく付き合うのであれば、次のような人を探しましょう。もちろん、あなた自身がこういう人になってもかまいません。

①真面目な人より面白い人

笑いのセンスがある人のほうが、面白いアイデアを出します。逆に、場をシラケさせる人は、ネガティブな意見を言う人が多いです。

面白いことを言う人はサービス精神が旺盛な人でもありますから、何か相談ごとをしてみてもいいかもしれません。きっと、喜んで協力してくれるでしょう。

②あだ名をつけるのがうまい人

相手をこき下ろすあだ名はＮＧですが、その人の特徴をよく表した愛のあるあだ名をつけるのが上手な人は、たいていアイデアマンです。会社でも、よくあだ名をつける人が決まっているはずです。そういう人はキャッチフレーズや商品名を考えるのも得意だったりしますから、相談してみるといいでしょう。

③人があまりやらないことをしている人

たとえばスカイダイビング、パラグライダー、スキューバダイビング、トライアスロンなどなど、人と違う趣味、経験をしている人は、引き出しも多くユニークな発想力を持っているものです。

④社内のコーヒーメーカーの近くでよく雑談している人

オフィスのコーヒーメーカーの周りには、リラックスして話しやすい雰囲気があり、その場での雑談の中でアイデアがひらめくこともあります。中でも中心的な人は、社内の情報通でいろいろなヒントをくれるので重宝がられます。

⑤流行に敏感な人

流行に敏感で、すぐに流行りものを実践する人は、チャレンジ精神があります。常にアンテナを張って、時代の変化をキャッチしようとしていますから、面白いネタをたくさん持っています。

あなたの周りにも、こういうアイデアマンが必ずいるはずです。日ごろから良い関係を作っておきましょう。

自分がアイデアマンでなくても、アイデアマンの近くにいることで、アイデアをもらうことができます。

避けたい人と自分を変えてくれる人

社内にはだいたい3つのタイプの人がいます。

・アイデアを出す人
・ネガティブな意見を言う人
・黙っている人

会社に必要なのは、言うまでもなく「アイデアを出す人」です。付き合うならアイデアを出す人ですし、できればあなたが「あの人はアイデアマンだな」と言われる人間になりましょう。

いつもネガティブな意見を言う人とは、できれば付き合わないほうが良いでしょう。負のオーラを持っている人にも近づいてはいけません。あなたのパワーが奪い取られます。

逆にパワーのある人からは、前向きなパワーを分けてもらうことができるので、積極的に付き合いましょう。

あなたが40代なら、20代や60代の人の考え方はわからないはずです。

もし年配者向けの製品を作るなら、自分だけで考えるのではなく、60代以上の人たちの意見や行動をしっかりと確認することが大切です。

自分では理解できない年齢層や異業種に参入するのであれば、思い切ってそういう人たちが集まるコミュニティに飛び込むことが、一番の近道です。

そういったコミュニティに参加して、人から本を紹介してもらったらすぐに買って読み、知識を取り入れるのも良いでしょう。業界の代表的なお店に行ったり、展示会に出かけたりするのも良いでしょう。

積極的に行動を起こして、どん欲に情報収集をしてください。

ネットワークが広がっていくと、自分とは価値観の違う人との出会いも増えていきます。**「自分と違うから受け入れない」ではなく、自分と違う意見も素直に受け入れられる度量の広さを持ちましょう。**

人は年齢を重ねるほど頭が堅くなって、異なる意見を聞き入れなくなります。これでは新しい発見のチャンスをみすみす逃すことになります。

まずは「自分の考えは凝り固まっていないか」と自問し、気づくことが大事です。気づけば変えられます。

「こういう考えもあるんだな」と、どんな意見でもウェルカムな姿勢で聞けるようになりましょう。

アイデアは移動や雑音の中で生まれる

机に座ってじっと考えていても、なかなか良いアイデア浮かばないものです。そんなときは外に出て、気分転換をしてみるのも良いでしょう。銭湯やサウナなども良いかもしれません。

また、車の運転中や電車や飛行機の中など、移動中の、無意識な状態のときにふっとアイデアが浮かぶことがあります。

さらには音楽を聴いたり、本を読んだりしているときもアイデアがわいてきやすくなります。散歩も手軽でおすすめです。人間は、足の裏に刺激を与えると脳が活性化するそうです。

会社に通勤している人は、日々の通勤時間こそがまさにアイデアが生まれるゴールデンタイムです。音楽やラジオを聴いたり、新聞やスマホを見たりしているときでも、頭の中では今日の仕事のことを考えているものです。その状態で良いのです。

そんなときこそ、何度もアイデアがふっとわいてきます。私も通勤に1時間以上かかっていた時期がありますが、アイデアが生まれる大事な時間でした。

長い通勤時間を苦痛に感じる人も、そう考えるとプラスに思えてきませんか？

出張の移動時間も良いでしょう。「アイデアを絞り出そう」とかまえなくても大丈夫です。頭の中に課題を持ち続けさえしていれば、何かの拍子にふっとアイデアが浮かんでくるものです。


音楽や周囲の音については、雑音があると気が散って良いアイデアが浮かばないのでは？　という人がいますが、そんなことはありません。アイデアは脳の中でいろいろな思念が雑然とただよっているときのほうが、思念同士がつながり合って、アイデアとして浮かびやすくなるのです。

家から外に出ると、五感が刺激され、無意識のうちに新しい情報が脳に入っては消え、入っては消えを繰り返します。脳の中でさまざまな情報が宙に浮いているような状態になります。それらの断片的な情報がアイデアのもととなります。

外に出るときはペンと紙を忘れず持っていきましょう。スマホのメモ機能やボイスメモ機能を使っても良いでしょう。方法はなんでもいいので、アイデアがひらめいたら忘れないようにすぐにメモをしてください。「このくらい覚えられる」と思っても、会社や家に着いたら案外忘れてしまうことが多いものです。また、ボツになったアイデアも残しておくと、あとで何か別のアイデアとつながって復活することがあります。

付せん紙も常備しておきましょう。本や雑誌などで気になる記事や言葉があったとき、ペタペタそのつど付せんを貼っておけば、あとで思い出して見直すときに便利です。

インプットを増やしておくとアイデアのネタが広がり、それらがあるときふっとつながって、アイデアが生まれます。そのチャンスを、逃さないことです。

第3章

金のカエルのマインドセット

「絶対やり遂げる」という強い意志を持つ

アイデアを考えたら、「こんなことは無理だな」とすぐにあきらめるのではなく、いろいろな人に相談したり協力者を探したりして、ゴールへ向かっていきましょう。

大事なことは、「絶対にやり遂げる」という強い意志を持つこと。真剣に取り組んでいれば、必ず人は助けてくれます。決意があやふやな人には、誰も協力してくれないものです。

私はアメリカ雑貨の輸入業をしていたことがありますが、始めたときはまったく知識がありませんでした。頼りは、アメリカ人の知人でその道の素人が1人だけ。しかし、私の真剣な思いがその人に伝わり、いろいろな人を紹介してくれました。知人の知人がまた人を紹介してくれ、まったくの素人だった私はその人たちに助けられ、アメリカ雑貨の事業をフランチャイズ可能な事業にまで成長させることができました。

私が遊び半分のいい加減な気持ちで事業を考えていたなら、このようなことは決して起きなかったでしょう。

この事業は大手の雑貨店の目に留まり、私の会社から卸売りをするようにもなりました。渋谷や池袋の百貨店や商業ビルでポップアップストアを開くこともできました。

事業のアイデアを考えてから、わずか3年足らずでこれらのことが実現したのです。

ついには大手販売店のベテランバイヤーからも注文をいただくようになりました。

最初は、なぜ何十年も経験がある人が私から購入するのか理解できませんでしたが、まったくの素人で知識がゼロだったからこそ、仕入れ先や品ぞろえなどの発想が新しかったのだと思います。

当初はここまで事業が発展するとは思っていませんでしたが、強い信念を持って事業を行うことによって、助けてくれる人たちが集まってきました。**新しい事業は1人ではできないので、周りをいかに取り込むか、参加してもらうか、協力してもらうかが重要です。**

自分の気持ちを情熱を持ってしっかり伝えれば、必ず人は応えてくれます。

どんなビジネスでも、強い思いを持って取り組むことが欠かせないのです。

事業に対するゆるぎないビジョンと情熱があれば、不可能も可能になります。

少し話がそれましたが、アイデアが出て「不可能だな」と考えたときに、「じゃあ、やめよう」ではなく、**「可能にするにはどうしたらいいか」を何度でも考え続けること**です。ネガティブなことを考えていても前には進みません。「どうしたら可能になるのか」を深く考えれば、必ず方法が見えてきます。

新しい事業を手がけていると、いろいろな壁にぶつかったり邪魔をされたりすることがあります。そうしたときにもあきらめるのではなく、「どうすれば乗り越えられるか」と考えましょう。そして、「どうすれば競合相手がまねできないか」を考えることです。

バッテリー事業を手がけていたとき、新規参入した私に対して、大手のバッテリーメーカーがネガティブキャンペーンを展開し事業の存続が難しくなったことがあります。

そこであきらめていたら単なる撤退になりますが、私は「彼らがまねできないこと」はなんだろうと考え続けました。そうして、再生バッテリーの販売や使用済みバッテリーの買取事業を思いついたのです（59ページ参照）。

この2つの事業に関して、大手は参入してこないだろうと考えました。大手にとっては、手間のわりにたいした利益にならないからです。予想通り大手は参入せず、私の会社はこの事業でオンリーワン企業になることができました。

苦境に立ってもあきらめずに考え抜くと、そこから新しい事業が生まれることがあります。**苦境のときこそ「ここからだ」と思える強い意志を持ってください。**あきらめず、どうすれば再起できるかを考え抜いてください。

そうすればオンリーワンになり、小さな井戸の中で長く生き延びる金のカエルになれます。

「自分は運が良い」と思い込む

あなたは、自分は運が良いと思っていますか？

私はいつも「自分は運が良いな」と思いながら暮らしています。

こんな話をすると、宗教やスピリチュアルな話なのかと警戒されるかもしれませんが、私は実家の宗派もわからないほど宗教には関心がなく、スピリチュアルな話にもさっぱり興味がありません。

でも、神様は存在すると思っています。**ささいなことでも、良いことがあれば「自分は運が良いな」と神様に感謝しています。**

正月に初詣に行ってお願いごとをする人は多いと思いますが、私はここ何十年、神様にお願いごとをしたことがありません。

初詣の日は、普段から神様には感謝をしていない人も、年に一度のお願いごとをしています。おそらく正月の三が日だけでも、全国で1億人に近い人が神様にお願いをするのではないでしょうか。

もしあなたが神様だとしたら、一気に1億人のお願いを聞かされれば、「うんざり」すると思いませんか？　いくら神様でも、そう都合良くお願いを聞いてくれるとは思えません。

むしろ神様はこう言うと思います。「お前ら、年に一度しか神社に来ないくせに、お願いなどするな」と。

私の場合はお願いごとをする代わりに、年に何回か、普段から行く神社にお礼を言いに行きます。

たとえば「うまく商品化ができてありがとうございました。売れるようにこれからもがんばります」という感じです。

神様の立場で考えても、初詣で年に一度のお願いをする人と、私のように年に何回かは感謝しに来る人とでは、感謝に来る私のほうをかわいがってくれるに決まっていますよね（笑）。

だから私は、常に神様に守られ、「運が良い」人間でいられるのです。

また、私が神様にお願いをしないのは、他力本願がいやだからです。お願いするよりも、まずは「自分で努力します！」と宣言するほうが大事です。

神様にお願いするだけでなんでも叶うなら、こんなラクなことはありませんが、下手をすると他力本願で自分が努力しないことになります。

日本人は謙遜を美徳とするので、自分で自分をほめる人はまれですが、「私は運が良い人です」と自分で普段から言葉にしていると得をします。

だって、「私は運が悪いんです」と言う人にはあまり近寄りたくないですよね。

そういう人は、自分で運が悪いと考えているだけです。人生はあなたが考えているようになりますから、自分で自分の人生を悪くしていることになります。

たまたま今日は赤信号にひっかからなかった、電車で座れた、など、ささいなことで良いので「運が良いな」と言葉にすることを習慣にしてください。小さなラッキーが積み重なると、自然に「自分は運が良い」と思えるようになります。すると、不思議と本当に良いことが起こるようになります。


たとえば車の運転中にタイヤがパンクしたときに、普通なら「ツイてないな、不運だな」と考える人が多いでしょう。しかし私は、「パンクしたけど、事故にあわなくて運が良かったな」とか、「急いでいないときでラッキーだった」と、あえて自分がツイているかのように前向きに考えることにしています。

考え方1つで、マイナスのこともプラスに変わります。

宝くじを買うときも「私は運が悪いからどうせ当たらないな」と考えながら買っても面白くありません。「運が良い」「運が悪い」は本人の気の持ちようです。**自分で「運が良いな」と何度も言っていると、本当に運の良い人になります。**これは本当ですから、みなさんもぜひ試してみてください。

ビジネスでは運がとても大切です。

アイデアに出合うのも運、アイデアを教えてくれる人に出会うのも運が影響するからです。

だから、運を上げる努力が必要なのです。

「運が良い」と常に自分で思うことで、良い話がどんどん入ってきます。

それにより、ニッチなアイデアのタネが増えていくのです。

頼まれごとには120％で応える

あなたは、人からよく頼みごとをされる方ですか？　よく頼みごとをされる人は、「この人なら頼んでもやってくれる」と相手が知っているから頼まれるのです。できそうもない人には、最初から誰も頼みごとはしません。

あなたは「できる人だ」と認められ、信頼されているのですから、頼みごとは喜んで引き受けるようにしましょう。

また逆に、あなたが頼みごとをする側になったときには、ぜひ忙しい人に頼んでください。

「この人、忙しそうだから頼むのは申し訳ないな」と遠慮する人がいますが、忙しい人は優秀だから忙しいのです。忙しい人ほど頼みごとの重要性を理解していますし、時間の使い方も上手です。あなたの依頼にもしっかり応えてくれるでしょう。

逆にヒマな人ほど仕事が遅かったり、「それは私にはできません」とあっさり断ったりします。

「頼みごと」は「試されごと」だと思ってください。

あなたは頼みごとを通して「本当にできる人か」を試されているのです。そうだと思えば「よし、やってやろう！」という気になるのではないでしょうか。

また、**人から依頼された仕事は、相手が想像する以上のレベルで完遂して返してあげましょう。**相手が１００の答えを予想していたとしたら、１２０ぐらいの結果を返してあげるのです。

頼みごとをする人は、「これぐらいはしてくれるだろう」と思って依頼します。そのレベルが１００です。これに対し１００で返したら、普通の人と同じです。依頼主の反応も「ありがとう」だけで終わります。

しかし、それを１２０ぐらいでお返しすると、「ここまでしてくれるんだ」と感動し、強く記憶に残り、また次の仕事の依頼がきます。その後は、お客さんがあなたを見る目も変わってくるでしょう。

ここが緑のカエルと金のカエルとの分かれ目です。

頼みごとは手っ取り早く金のカエルとしての評価を得られるチャンスです。どうか

「またか、面倒だな」などと思わないでください。頼まれたら「はい、喜んで！」です。

頼まれたらNOと言わない

ある会社の資材担当者から、「熊谷さん、バッテリーの価格が下がらないので海外からバッテリーメーカーを探して紹介してくれないか」と頼まれたことがあります。

当時の私は英語もろくにできないし、海外メーカーの取扱商社でもありませんでした。もちろんバッテリーの「バの字」も知りませんでしたが、お客さんもそんなことは承知の上で私に頼んでいるのです。それで逆に「よし！　やってみよう」という気になりました。

畑違いな頼みごとをされた場合、知り合いを紹介して終わりにする人がいますが、せっかくあなたに期待して依頼してくれたお客さんの気持ちを裏切ることになりますし、新しいチャレンジのチャンスを逃していると思います。とてももったいない！

私はその資材担当者からの依頼をきっかけに、韓国のバッテリーメーカーを探し出し、日本総代理店となって販売をスタートさせました。この事業がのちに、ニッチでオンリーワンなバッテリー事業に育っていきました。

たった1つの頼まれごとから、新規ビジネスが生まれたのです。

頼まれたときにはできないことでも、やってみると案外すっとできたりします。新しい世界が広がることもあるので、**頼まれごとは絶対に断らないのが吉**です。

頼まれごとには0・5秒で「はい、わかりました!!」と明るく返事をしましょう。

困りごとを聞き挑戦してみる

バッテリー事業の成功をもとに、私はお客さんを訪問したときには必ず「何か困りごとはないですか?」と聞くようにしました。

バッテリーで成功した話をほかのお客さんにすると、「この人なら困りごとを解決してくれるかもしれない」と思ってくれ、思いもかけない頼まれごとが増え続けました。

ある日、「熊谷さん、子どもが受験なので○○大学の赤本を買ってきてくれないか」と、仕事にはまったく関係がないことを頼まれたこともあります。そのときも秒速で「はい、わかりました‼」と返事をしました。

本屋に行き、頼まれた赤本を買いました。ここまでなら100点です。しかし私は、本屋のあとに有名神社へ行って合格のお守りも買い、赤本と一緒に渡しました。これで120点です。

そのときにはあまり計算していませんが、そのほうがお客さんが喜ぶと思ったのです。もちろんお守りの代金はもらっていません。

すべてが120％のレベルでできたわけではありませんが、できなかった場合でも、経過と結果をしっかりまとめてお渡ししました。そこにかかる経費は、すべてこちらの負担で行いました。

時には海外出張や製品分析など、かなり費用がかかった依頼もありましたが、それはあえて言わなくともお客さんはわかってくれます。「今回は悪かったな」と言って、次の新しい依頼につながることもありますし、頼まれごとに取り組む過程で新たな知識がつきます。失うものよりも得るもののほうが多いのです。

お客さんの困りごとを解決しさえすれば、間違いなく新しいビジネスになります。

困りごとを相談されたら断るのではなく、必ず挑戦してみてください。

新聞やネットの情報に惑わされない

新聞やテレビ、インターネットの情報をうのみにしてはいけません。それよりも、身近で信頼できる人からの情報のほうが、正しく早い情報であることがあります。大手の新聞社やテレビ会社の報道が正しいとは限りません。彼らはあえて情報操作をすることもあります。

インターネットの情報は、憶測や噂レベルの不正確な情報が多いです。

私はどんな情報も真に受けないで、「この話にはウラがあるか」を常に意識するようにしています。発信元がわかる場合は必ず確認します。

情報が間違っていたら、経営判断も間違った方向に進みます。今後の製品開発などにも影響しますから、どんな情報でも１００％信用するのは危険です。

大事なことは、自分で考え判断する力を身につけること。そして、自分の判断に責任を持つことです。**判断を間違ったときには、反省して次は間違えないように記憶しておくこと**です。

たとえば自分で「今後は円高になる」と判断したのなら、自分がそう判断した理由も覚えておきます。結果的に予想がはずれて円安になった場合は、どうして自分が「円高になる」と想定していたのか、なぜ実際は円安になったのかをしっかり確認して、反省をすることです。

このプロセスを繰り返すうちに、判断を誤ることがだんだんと少なくなっていきます。ただ「予想が外れた」結果だけを記憶しても意味がありません。

ニッチな新規事業をやろうとするのなら、人が知らない情報をいち早くキャッチすることも重要です。

たとえば「○○が大量に余っている」という情報をメーカーから得たのなら、それを使って何か商品にできないかと考えます。「○○の商品を開発した」と聞けば、ウチでもできないかと考えることができます。「他社の技術者が退職した」という情報を得たら、その人を雇い入れ、製品を作ることもできます。

お客さんや仕入れ業者、同業者などと日ごろからコミュニケーションを取り、情報をいち早くキャッチすることで、ニッチなオンリーワン商品を作るヒントとなります。

身近な人からの極秘情報は、日ごろからフラットでざっくばらんな人間関係を作っておかないと、なかなか話してもらえません。時間をかけて信頼関係を作っておくことです。

信頼できる人との人間関係を多く持つほど、アイデアのネタも増えていきます。

3か月に一度は一流品や名画を見て美意識を養う

同じビジネスをするなら、高所得者や優良企業から仕事をいただく方法を考えたいものです。そして、高所得者や優良企業と取引をしようと思うなら、知識・教養はもちろんですが、美意識も高めておく必要があります。

私は3か月に一度ぐらいは美術館などに行って、一流の美術品や絵画を見るようにしています。

一流と言われる絵画や作品に多く触れると、何が一流なのか、どこが一流なのかがわかってきます。最初はわからなくても、いろいろ見ていると目が肥えてきて違いがわかるようになるものです。**一流のものを知っていないと一流の人物にはなれませんし、一流の人とも付き合えません。**

一流のものをわかっていると、ものづくりの過程でも自分で高いデザイン力を持つことができます。

中小企業であれば、自分で製品写真を撮ることもあるでしょう。写真1枚撮るにしても、見栄え良く撮るには構図が大事です。良い絵画を見ていると、構図の取り方やモノの配置の仕方を考える際に参考になります。

自分の美意識を高めておくと、商品のデザインや色を決めるときにも自信を持って選択ができ、センスの良い商品や事業を作ることができます。

経営者はセンスが大事

事業をデザインするにもセンスが必要です。センスがないと、全国区で販売できません。また大手に営業をかけても相手にされません。

中小企業は特に、最初から美意識を高めて大手企業と取引する気がまえを持たないと、ローカル市場のみの下請け企業に甘んじることになります。

金のカエルになるには、おしゃれ感も大事なのです。


経営者の方は自分の見た目にもこだわりましょう。

初対面の印象は、のちのちの人間関係にも影響します。また、社長であれば自社の事業の広告塔でもありますから、セルフプロデュース力が重要です。

とはいえ、ひとりよがりのおしゃれはＮＧです。業界のＴＰＯに合わせましょう。

私はアメリカ雑貨の事業をスタートしたときは、率先してＴシャツとデニムというスタイルで仕事をするようにしました。

商品名、ブランド名、カタログ、パンフレット、名刺、ワークウェア、社用車に至るまで、センスの良いデザインにこだわりましょう。オフィス家具や、飾っている絵画にも美意識は表れるものです。

美意識が高まると整理整頓の意識も高まります。掃除の行き届いたきれいなオフィスは、外部の人にも好印象を与えます。

大手企業なら当たり前ですが、**中小企業だからこそ細部までセンスにこだわらないと、大手企業とはなかなか取引ができません。**

多少背伸びをしても、企業価値を高めるブランディングに努めましょう。

商品についても、紙袋に入れた商品と綺麗な木箱に入れた商品とでは、印象や価格が違ってきます。同じ5000円の商品でも、木箱に入れて1万円で売れるのなら、少々コストがかかっても紙袋ではなく木箱に入れて売ることを考えたほうがいいでしょう。

中小企業であっても、安っぽくしてはいけません。パッケージングも含めて商品だと考え、美意識を高めていきましょう。

「頭のいい人」より「コミュ力がある人」

人間の能力にはいろいろありますが、一番大事なのはコミュ力（コミュニケーション能力）ではないかと思います。コミュ力さえあれば、専門知識がなくても、専門知識のある人を見つけて教えてもらうことができます。

頭のいい人は自分にプライドもあり、なかなか人に教えてもらうことができません。しかし、これは損です。

自分1人の知識など知れたもの。コミュ力を武器にいろいろな人から知識を得るほうが、圧倒的に多くの知識を手にすることができます。

私自身、なんの深い知識もありませんでしたが、コミュ力だけはあったので、多くの異なる事業を成功させることができたと思っています。

普段から積極的に人と話をする習慣ができると、思いもよらなかった人と仲良くなれることもあります。コミュ力が高い人は、自分がたくさんしゃべる人ではなく、聞き上手な人です。聞き上手な人には、相手もすらすら話してくれます。

あなたは人に何か聞くときに、「言いにくいかもしれませんが……」「差し支えなければ教えてほしいのですが……」などと話しかけてはいませんか？　それではたいてい何も教えてもらえません。あなたが最初から「きっと答えてくれないだろう」と決めつけているからです。

私は聞きたいことがあれば、たとえば「給料、いくらもらっているんですか？」とストレートに聞くようにしています。すると案外、相手もスルッと話してくれます。多少はずうずうしくなったほうがいい場合もあるのです。

欧米ではビジネスの場合で出会いや別れの際に握手をしますが、日本ではあまり見かけません。私は別れ際に握手をするようにしています。握手（ボディタッチ）を行うと、人はウソをつきにくくなり、次回からよりフランクに話すことができます。

「あの人は苦手だ」とか「あの人は嫌いだ」と言う人がいますが、そういう場合は、たいてい相手も同じように思っています。

人間関係は鏡のようなもので、うまくいかない場合は自分に原因があると考えたほ

うが良いでしょう。

相手を変えることはできませんが、自分を変えることはできます。相手を「嫌いだな」と思う自分を変えていくことで、その人との関係も良くなっていきます。

旅は1人で出かけよう

家族や仲間うちで行く旅行はとても楽しいものですが、アイデアを出したり自分の考えを整理したりするためには1人旅をおすすめします。1人旅では話し相手もいないので、現地の人や知らない人と話をする機会が多くなります。また、1人でいると話しかけられやすくなります。

1人旅は自分のペースでゆっくりした時間を過ごすことができるので、考えごとには最適です。特に、静かな場所では無の状態になりやすく、ゆっくり考えを整理することができます。

スケジュールを詰め込み過ぎず、あえてボーとした時間を作りましょう。スティーブ・ジョブズも禅を好んで、無の状態をよく作っていたそうです。

遊びも、何か1人でできることを始めるといいでしょう。そのほうが他人のスケジュールに合わせる必要がなく、自分の好きなときに好きなだけ進められます。1人で遊べることがあると、1人旅でも楽しむことができます。

私は1人旅好きが高じて、1人で日本一周までしてしまいました。いつも地元にいると、見慣れた景色ばかりで刺激が少なくなりますが、旅先ではいろいろなものが新鮮に映ります。普段の生活の中では見慣れてしまい目にも留めないものが、細部が変わって目に留まることもあります。

異業種の人との触れ合いもでき、普段会えない人たちとも仲良くなり、そこからビジネスへと発展することも多々あります。

欧米ではバカンスの時期に旅先で知り合った人と、その後もビジネスをすることがあるそうです。彼らはキャンプ場などで長期滞在をするので、仲良くなる機会が多いのです。

プライベートな時間も共有して、相手の人となりもわかっているので、その後のビジネスでも互いに信頼して任せられるのだと思います。

最近ではワーケーション（ワークとバケーションを掛け合わせた造語）を認めている企業もありますので、**時には場所を変えて仕事をし、その土地の人たちとふれ合うことで、新たな発想が生まれる**のではないでしょうか。

私は海外も1人で行くことが多いです。海外の展示会に行ったついでに、積極的に街を見て回ります。

海外はアイデアの宝庫です。その国のお国柄、国民性、日本とは違う考え方や住まい、食べ物、習慣に驚かされ、頭にどんどん新しい情報が入ってくるからです。

また、これは海外に限りませんが、出張などで知らない土地に行くと、朝早起きしてホテルの周辺をランニングします。すると、その街の素の雰囲気が味わえますし、ホテル周辺の施設の位置も理解できます。

これはみなさんにもおすすめします。ランニングが無理なら散歩でもかまいません。

車や電車では発見できない気づきがあるはずです。

英語が苦手という方も、中学生レベルの英語で十分コミュニケーションが取れます。大事なのは人間力です。

私が東京の展示会に出展したときに、ブースに台湾の人が来て「お金を払うからこれを台湾に送ってくれ」と言われました。その後、２００万円ぐらいの振り込みがすぐにあり、あとで商品を送ったのですが、あまりにも唐突な注文だったので「どうして私を信用するのですか」と聞いてみました。するとその人は「あなたの目を見れば信用できる人だとわかる」と答えたのです。

ろくに英語がしゃべれなくても同じ人間同士、互いにわかり合えるものです。

大事なのは人間力、人間の魅力です!!　英語ができないからと、海外に行くことを躊躇《ちゅうちょ》しないでください。

展示会を効率良く活用しよう

展示会ではアイデアのヒントをたくさん見ることができます。

展示会には出展者側と来場者側の立場がありますが、出展するなら一度はその展示会場を見て決定するほうが良いでしょう。人があまり入らない展示会では、経費の無駄になります。主催者側が公開している過去の来場者数は、多めに盛っていることが多く、当てになりません。

展示会を来場者の立場で見ると、ブースの作り方なども参考になります。次回、出展者になるときのためにしっかり確認しておきましょう。

ニッチな商品は、ローカルな市場で勝負するのではなく全国の市場で勝負できます。展示会は大事な販路拡大のチャンスになります。スタッフの選別を含め、しっかり準備をしてのぞみましょう。

展示会開催中は、出展している同業他社がお客さんになるケースも多いので、展示会場内でブースをまわり、営業もしてみましょう。

質の良い展示会に何回も出展すると、信用力も生まれます。出展するなら、なるべく連続して参加することをおすすめします。

来場者の立場としては、新商品発表会など時代の流れを見ることができ、自分の感性を高められるメリットもあります。ライバル会社の商品を見て、次の戦略の参考にすることもできます。人が集まるブースをチェックすれば、次のトレンドをつかむこともできるでしょう。

新規参入したい業界の展示会を見学に行くのであれば、人がいなくて暇そうなブースの担当者に、その業界の内情を聞いてみるのも良いでしょう。暇つぶしと思って喜んで答えてくれるはずです。また、展示会のテーマによってどんな人たちが集まってくるか、来場人数はどれぐらいかを確認することも大事です。

時間の許す限り、自分の興味のある展示会には、業界外であっても見に行ったほうが良いです。東京ビッグサイトはホームページで年間予定表が確認できるので、スケジュールにどんどん予定を入れていきましょう。

展示会場は広大なので、事前に出展者リストや製品を確認し、優先順位をつけて、会場地図でチェックしながら効率良くまわりましょう。

どうしても話を聞きたい企業があれば、事前にアポを取っておくのも有効です。現地に行ってタイミング悪く担当者がいないと、行く意味がなくなります。

私は金沢市在住なので、主に東京の展示会のスケジュールに合わせて都内への出張スケジュールの予定を組んでいました。また、同じ業界の方であれば展示会場に来る確率が高いので、展示会場で待ち合わせ、打ち合わせをすることもよくありました。

展示会では専門家のセミナーやレセプションが同時開催されることも多いので、積極的に参加して情報収集をしましょう。オンラインセミナーも増えており、遠方まで行かなくても参加できますから、どんどん利用しましょう。

展示会は各業界によって出展者、来場者のカラーが違います。現地に行けば、その業界のカラーや、業界の勢いなども肌で感じることができます。

展示会で気になるブースに立ち寄って担当者と話をすると、その内容が自分のアイデアと結びつくことも多々あります。出展企業はたいてい前向きに新しいパートナーを探していますから、新しいこと、面白そうなことには積極的に協力してくれる可能性があります。実際に私も、展示会に数多く参加したことで、新しいお客さんや事業パートナーをたくさん見つけることができました。

ニッチな商品は、自分1人で作ることができない場合もあります。多くの仲間を作る必要があります。そういう意味でも、展示会はアイデアのヒントを生み出し、協力者を見つけるのに非常に効率の良い場所です。

海外の展示会はこう活用しよう

私は日ごろから自社の社員に、「海外の展示会で新しいものを探してくるように」と言ってきました。海外の製品を1つ取り扱うことができると、ほかにもいろいろな商品を取り扱えるようになります。新しい素材や、発想の違う製品に出合うことも多いです。

私自身も海外の展示会で多くの商品を見つけて輸入販売をしてきました。

まだ日本に入ってきていない海外製品であれば、それだけで日本国内ではニッチでオンリーワンな商品となります。

また、海外の最新のデザインは、美意識を高めるためにも非常に参考になります。積極的に海外の展示会を見に行くと取扱商品も増え、海外の友人たちも増えていきます。私も今ではアメリカ、ドイツ、スウェーデン、イギリス、韓国、中国、マレーシア、フィリピンなどに信頼できるビジネスパートナーがいます。

海外の展示会に行くと、その国の国民性が感じられます。たとえば中国では、展示会期間中の最終日に会場へ行くと、もう片づけ始めている人たちがいます。また中国人は展示会で積極的にＰＲをせず、多くはお客さんが声をかけるまで待っています。時にはブース内で食事をしていることもあります。日本では考えられません。

韓国は日本語のできる通訳者も多く、日本から近いので取引をするようになっても負担になりません。私は韓国へは国内出張と同じ間隔でひんぱんに出かけていました。

シンガポールはアジアと欧米のメーカーが混在して、欧米のメーカーがアジア進出を考える起点となっています。

スウェーデンではブースを訪れると、食事やアルコールを出してくれたりします。またスウェーデンには女性のマネージャーが多く、男性よりバリバリ働いていました。

アメリカでは国内の来場者は有料で、3万円ぐらい支払う展示会もありました。有料だと冷やかしの来場者は入らないでしょうから合理的です。

海外の展示会に行くのはハードルが高いと思うかもしれませんが、中小企業であっても海外に目を向けることは大切です。私も、特に英語が上手なわけではありません。不安なら現地で通訳を探し、同行してもらえればどこへでも行けますし、交渉もできます。

日本の展示会と違って、海外の展示会はすべてが目新しく、アイデアの宝庫です。展示会で気になった商品は日本に持ち帰って調査をし、取り扱うかどうかを決めます。まずはサンプル品を購入し、テスト的に試してみるといいでしょう。

ただ、あまり時間をかけ過ぎると他社に取られてしまう可能性がありますから、決断は早めにしてください。

第4章

金のカエルになるビジネスのコツ

売れるアイデアを量産するコツ

アイデアを出すためにはコツがあります。何も思い浮かばないときは、次の6つのヒントを試してみてください。

①コンプレックス

人間は誰でもコンプレックスを持っています。たとえば髪の毛が薄いなどの見た目関係、学歴関係、対人関係が苦手など、考えれば誰でもすぐにいくつか思い当たるでしょう。

コンプレックスは誰もが解消したいと考えるものです。つまり、このコンプレックスが新しい事業のアイデアのもととなるのです。

あなたの会社の事業、業界、商品にとってお客さんのコンプレックス関連は何か、洗い出してみてください。そこからアイデアが生まれるかもしれません。

②ブーム

ブームに乗ることは大切です。しかし、後追いばかりでは金のカエルにはなれません。先取りすることが大事です。

今、何が流行っているのか、これからどんなブームが起きるのかを予測して、新しいアイデアを考えてみましょう。

ブームはどの時代にもあり、また繰り返すものでもあります。過去にブームになったもので、今、むしろ新鮮と思えるものはないでしょうか。

アメリカで流行しているものをいち早く日本に持ってくるのもいいでしょう。日ごろから世の中のムーブメントに敏感になり、次のブームの芽を見つけましょう。

③お客さんはお金持ち

ビジネスは、個人でも法人でもお金のあるところからいただくことを考えるべきです。中途半端にみんなに選んでもらえる商品を作ってはダメです。高いお金を出しても欲しいと思うような、とがった商品を考えましょう。

ターゲットをしっかり決めて、**ほかの100人が振り向かなくても、お金を持って**

いる10人にささるような商品を考えることが大事です。

④不便を取り除く

「忙しくてできない」「難しくてできない」と思うときは、そこにビジネスチャンスが隠れています。

家事代行サービスの会社は、共働き家庭が増えて家事をする時間がないという人たちのウォンツ（要望）にぴったりはまり、急成長しています。

最近、会社に就職して1か月もせずに辞める新入社員が増えているそうですが、本人の代わりに会社に電話して退職の意思を伝えてくれる代行業が大ヒットしています。「自分では気まずくて電話ができない」という若い人たちの心をつかんで成功したビジネスです。

ほかにも、「トラックの運転手が不足して荷物が運べない」「買い物難民になって日用品や食品が買えない」など、身の周りの不便を探してみてください。そこに必ずヒントがあります。

⑤緊急性

突然の災害など、緊急時にすぐに必要になるものは、ビジネスアイデアのタネになります。この場合はスピード感が大事なので、素早く事業にする必要があります。

私は東日本大震災のときにたまたま韓国でソーラー充電器を見つけ、それを販売したところ、短期間で約2000台を販売することができました。

最近では、新型コロナ感染症対策でマスクが緊急に必要となりましたね。

何か緊急事態が起こったときは、ぼんやりと状況を眺めていないで、すぐ必要になるものはないかと考える癖をつけましょう。

⑥時短

最近は、何かと時短（タイパ）が求められます。仕事の効率化や、時間当たりの生産性の向上などはもちろん、生活の中でも食事を作る時間や掃除の時間を短縮したいといった時短ニーズはたくさんあります。

ほかにもあるかもしれませんが、なかなかアイデアが出ない場合には、まずはこの

6つのチェックポイントを使ってアイデアを考えてみることをおすすめします。

また、いくら儲かるとしても「絶対に自分はやらないモノとコト」を事前に決めておくと、方針がすっきり明確になります。

勝つための最強の戦略は「戦わない」こと

あなたは、勝負に勝ちたいと思いますか？

普通は負けるよりも勝ちたいですよね。

オリンピックでは「参加することに意義がある」という言葉もありますが、ビジネスでは勝たないと意味がありません。オリンピック選手は負けても生きていけますが、ビジネスで負けた経営者は、倒産、自己破産など最悪の事態になります。

ですから、経営者は勝てるプロでなければいけません。

勝負に勝つためには、「何で勝つか」「どのステージで戦うか」を考えなければなりません。ここを間違うとドツボにハマります。

中小企業の経営者、新規事業担当者、起業を目指しているビジネスパーソンが狙うべきは、金のカエルになること、つまり「ニッチでオンリーワンになること」です。

「ナンバーワンではなくオンリーワン」が最強の競争戦略となります。オンリーワンは、決して業界リーダーのナンバーワンとは戦いません。

野球にたとえるなら、投手も打者も走塁手もできる大谷翔平選手のようなオールラウンドプレーヤーではなく、地味でもチームの切り札になる、バント要員や代走要員になることです。誰にもまねできない強みを持って生き残ることです。

でも、誰にも負けない強みを持っている人はごくひと握りで、そこに至るには時間がかかるかもしれません。では、どうすべきか。

スポーツにたとえるなら、ものすごくマイナーなスポーツを探すか、自分で新しいスポーツを作るかということになります。こうすれば、強豪と戦うことなく勝てます。

ビジネスでも同じことです。マイナーな業界で圧倒的に勝つか、勝負する人がいないまったく新しい業界の商品でオンリーワンになれば良いのです。

なぜ私がこれほど「戦わないこと」を重視するかというと、ある苦い経験があるからです。

以前私は、ある海外メーカーの日本総代理店となり、産業用バッテリーの輸入販売をしていました。その当時の競争相手は、日本の大手メーカー3社でした。

最初は私が価格破壊者となり、安く販売をして2年間ぐらいは競争入札でもひとり勝ちでした。

大手メーカーに圧倒的に勝ったことで、私は有頂天になっていました。ところが事業を始めてから3年目に、大手メーカーがネガティブキャンペーンを仕掛けてきて、当社の製品は市場から追い出されてしまったのです。

また大手メーカーは、クレームがあれば5年以上使用しているバッテリーでも無償交換していました。契約書ではどこのメーカーでも1年保証でしたが、クレームを穏便に収めるために、自腹で保証をしていたのです。

当社の顧客も他の大手メーカーと同様のサービスを要求してきましたが、うちのような中小企業には資金力がなく、大手と同じようなサービスはできませんでした。

このときに「中小企業は絶対に大手と戦ってはいけない」と、私は痛感したものです。

以来、私が開拓したビジネスに大手企業があとから参入してきたときには、さっさと手を引き、それ以上は戦わないことにしました。

「最強の競争戦略は戦わないこと」だと気づいたからです。

孫氏の兵法にも「百戦百勝は善の善なる者に非ざるなり、戦わずして人の兵を屈するは善の善なる者なり」とあります。これが「戦わずして勝つ」のもとの文です。

原文の意味は「戦うたびに勝つこと（百戦百勝）は最善ではない。なぜなら戦うたびに味方の兵力や資源が消耗してしまうからだ。戦わずに相手を屈服させることができるならば、これが最善の戦略である」といったものです。

せっかく開発した商品なのでなんとか継続させたいと、値段を下げたりして必死で対抗する中小企業もいますが、大手企業とやり合うのは素人がプロレスラーとけんかするようなものです。

大手企業は、人・モノ・金・情報・時間のすべてを持っています。下手に戦うところは死んでしまいます。大手や価格破壊者が現れたら、「さようなら～」と言ってその商品と手を切ることです。

こう言うと、「すべてを手放さなければならないのか」と落ち込む方もいるかもしれません。ですが、少し立ち止まって考えてください。

ニッチな商品を考え出した「発想力」と「チャレンジした実績」を、あなたはすでに手にしているのです！　１つのニッチな商品を作った経験があれば、２つ目、３つ目とニッチ商品を考え出すことは簡単です。

次の新たなニッチ商品を考え、今度は競合相手との競争参入障壁をもっと高くして、競合相手が勝負してこない方法を考えることができます。

利益3割以下ならやらない

中小企業は、最初から高利益を期待できる商品・事業を考えないとダメです。

2割、3割の利益しか見込めないようなものなら、最初からやらないほうが良いと思います。

売価は原価をもとに考えます。販売方法にもよりますが、代理店（問屋）の卸値や販売店への卸値も考える必要があります。

1：原価　→　2：代理店卸値　→　3：販売店卸値　→　4：売価

2、3にももちろん利益を想定しておきます。業界によってこの利益率がまちまちですので、調査して個々に卸値を決めましょう。

たとえば、開発の段階で次のように想定したとします。

1：原価　300円　→　2：代理店卸値550円（売価の55％）→
3：販売店卸値700円（売価の70％）　→　4：売価1000円

競合商品の価格や相場価格などとも比較して、4の売価が市場に受け入れられない価格であれば、その時点でやめる選択をしなければなりません。

商品の価格は経営判断の最重要事項です。

価格は最初に安く設定するとなかなか上げられないので、最初から高めに設定しましょう。海外輸入品であれば、為替の変動も予測して高めに決める必要があります。

私は原価5万円程度のある商品を、相場価格の40万円程度よりも少し安い38万円に設定したことがあります。原価5万円ですから、売価20万円ぐらいでも良かったのですが、そこまで下げなくても十分売れる商品になりました。

よく、「安ければ商品が売れる」と言う人がいますが、そうとは限りません。化粧品はあまり安いと信頼性が下がり、逆に売れないと言われています。ブランド力も低下します。

いかに高く売ることができるか、その商品の特徴を見出し、他社製品とも比較検討して、高く売るための取り組みをしっかり考えることです。

私は高く売るために、外国からのＯＥＭ商品でも、大事な試験は必ず国内で行うようにしていました。競合メーカーと比較試験を行って差別化を強調しました。試験装置にも何百万円も設備投資しました。

すべて、「少しでも高く売る」ためにしたことです。

これができたのも、利益が上がったときに積極的に投資したからです。

もちろんパッケージ、ネーミングなどにもこだわり、お金をかけてきました。おかげで高い価格設定をしても、売れる商品になったのです。

「細かいサービス」で大手に勝つ

大手が多額の宣伝費をかけてシェアを握っている市場や業界に、中小企業が参入するのは難しいと感じるかもしれません。確かに、大手と同じことを中小企業がやっても勝てません。

しかし、工夫次第では入り込む余地があります。ひとり勝ちすることだってできます。それは、「大手メーカーのルール外のこと」「大手ができない細かなサービス」をすることです。

前述した（59ページ）バッテリー事業がまさにそうでした。

大手メーカー3社の寡占状態だったバッテリー事業に後発で進出した私は、「使用済みのバッテリーは、お客さんが処分費を払って産業廃棄物として処理する」という大手メーカーが推奨するルールとはまったく逆の「お客さんにお金を払って、有価物として買い取る」ビジネスを全国でスタートさせました。こんなことをしたのは産業用バッテリーでは私がはじめてで、オンリーワン事業となりました。

手間がかかるだけで大手にとってはさほど利益にもならない「小さな井戸」だったので、誰も参入してくることもなく、今も事業は継続されています。

ほかにも、大手ができない「細かなサービス」はないか考えてみてください。

たとえば大手のハウスクリーニングサービスには「キッチンの換気扇の掃除」「エアコンの掃除」などのメニューはありますが、「排水溝入口のヌメリだけ取ってほしい」「子どもの落書き跡を取ってほしい」といった細かな仕事までは用意されていないことがほとんどです。

このように、自分でやろうと思えばできるけれど、やりたくないこと、外注するほどでもない小さな作業は、誰に頼めば良いのかわからないものです。そこにニッチなオンリーワンのビジネスチャンスがあるのです。

一度、お宅を訪問して細かなサービスを提供し、信頼が得られれば、「次は庭を手入してもらえませんか？」などと別の依頼をしてもらうこともできます。最終的には、「どうせなら知っている業者さんがいいから」と、大手が得意とする「キッチンの換気扇の掃除」「エアコンの清掃」も頼まれることになるのです。


大手ができない「メーカーのルール外のこと」「細かなサービス」を手がければ、必ず新たなオンリーワン事業を見つけられます。

経験がないからとあきらめることはありません。むしろ、部外者の素人目線の発想は大事です。**その業界ではやっていないこと、業界の非常識を見つけ、消費者を味方につけて信念を持って取り組めば、お客さんは必ずあなたのファンになってくれます。**

お客さんの信頼を勝ち取り、大手が参入できない方法を見つければ、ニッチなオンリーワン事業を継続できるのです。

非常識な商品で勝つ

金のカエルを目指すなら、大手企業がやるような万人受けする商品を作ったり、それらを扱ったりしてはダメです。価格競争で必ず負けるからです。

では、どんなものを作ったり扱ったりすれば良いのでしょうか。

たとえばですが、「かたい綿菓子」「苦いアイスクリーム」など、あり得ない商品を作りましょう。やわらかいはずの綿菓子がかたかったら面白いし、話題になりますよね。「苦いアイスクリーム」も、甘いはずなのに苦いというミスマッチを狙ったアイデアです。**バカげていると思うかもしれませんが、金のカエルを目指すならこれぐらいとんがった発想をしてほしいのです。**

お客さんは、ありきたりなものは望んではいません。お客さんが望んでいるのは、驚きとワクワク感です。「普通」ほどつまらないものはありません。普通のものは、緑のカエルに任せておけばいいのです。

ありⅠ得ないようなものには競合相手もいません。

「そんなあり得ないものを作っても売れないのではないか」と思うかもしれませんが、人には「怖いもの見たさ」の願望があり、人と違うものを欲するのです。大勢の人が喜ぶものなんて、面白くもなんともありません。

あり得ない企画はこうして実現した

いくつか私が手がけた「あり得ない」商品を紹介しましょう。

１つめは、家具調の「高級水耕栽培機」（次ページ写真）です。

もとはフィリピンの知人の会社が、フィリピンの富裕層向けに開発したもので、日本でも売れるのではと考えたのです。ＯＥＭ契約で装置のみを製造してもらって輸入し、家具部分は日本のニトリで製作してもらいました。

ニトリのような大手企業がなぜ応じてくれたのか。実は最初は断られましたが、ある担当者が私のアイデアを「面白い。時代にもマッチしているからやってみよう!!」と気に入ってくれたことから商品化できたのです。

水耕栽培装置のアルミ部材は、こちらも大手の三協立山アルミに製作を依頼しました。こちらも「面白い」ということで、少量の注文にもかかわらず製作を受けてくれました。

ニトリは売上9480億円（2023年3月期）、三協立山アルミは売上875億円（2023年5月期）の会社。私の会社は、売上10億円にも満たない会社です。

家具のデザインは知人の設計士にお願いしました。最初はわずか5台の製作でした。それでも、アイデアが面白ければ、大手企業でも協力してくれるのです。

最初から「相手にしてもらえないだろう」と尻込みをし、連絡しないでいたら、こんなことは起こらなかったでしょう。

もう1つは、ソーラー発電機つき携帯電話用充電器（左写真）です。

携帯電話用充電器はすでに市場にたくさん出回っていますが、どの充電器も電源から充電しなければなりません。そこで、ソーラーパネルを片面に貼った充電器を作りました。

私にはもの作りの知識も技術もありませんが、面白いアイデアさえあれば、そのアイデアにもとづいて商品を作ってくれるメーカーはたくさんあります。

この充電器も、複数の小型充電器の製造メーカーに連絡をして、そのうちの1社に製作してもらいました。
相手がたとえ大手メーカーであっても、面白いアイデアなら必ず話を聞いてくれます。なぜなら、彼らは斬新なアイデアを持っていないからです。
あなたの会社がどんなに小さくても、もの作りの技術がなくても、アイデアさえあれば十分勝負できるのです。
ただ気をつけなければならないのが、せっかく面白いものを作っても、売れ始めるとあとから来たメーカーにまねされることです。まねをされない対策をあらかじめ講じておく必要があります。この商品は特許を取得して防衛しました。特許などについては、第6章で詳しく述べます。

受け入れられないアイデアのほうが大化けする

奇抜なアイデアや商品は、最初は拒絶されて受け入れられない場合がままあります。

2007年にiPhoneがはじめて日本に入ってきた当時、ある大手メーカーの役員は「日本では片手でケータイを使う文化が定着しており、両手で使うことが前提のiPhoneは受け入れられないだろう」とネガティブな評価をしたとされます。しかしiPhoneはあっという間に日本市場を席捲《せっけん》し、今も圧倒的なシェアを占めています。

奇抜なアイデアは時としてばかにされることもありますが、常識的に考えていたら奇抜なアイデアは出てきません。おそらく、先に述べた「かたい綿菓子」「苦いアイスクリーム」を本当に商品化しようとしたら、10人中7人以上が反対するでしょう。

でも、考えてください。1人か2人が「面白いね」と言ってくれれば、そこには少なくとも多少の需要があるのです。

金のカエルを狙う企業なら、この3割以下の顧客にフォーカスして商品開発をする必要があります。

お客さんから「おたく、面白いものを作るね」と言われるようになったらしめたものです。

もちろん失敗する可能性もありますが、前述したように、10個開発して3個成功すれば良いのです。それぐらいの気持ちでチャレンジしてみましょう。

革新的過ぎる商品は失敗する

奇抜なアイデアを考えようとさんざん言ってきましたが、奇抜さを超えて革新的過ぎる商品は失敗します。**アイデアは、人より半歩ほど前に出ているぐらいがちょうど良いのです。**

革新的過ぎる商品とは、人々の固定観念や生活様式まで変える商品を言います。

そういう商品を売ろうと思ったら、商品を紹介する前にお客さんの固定観念や生活様式を変えなければならず、それを周知するために時間とお金がかかり過ぎるのです。


私は壁に模様をつけられる専用ローラーと塗料を販売したことがあります。壁に塗料をべた塗りするのではなく、模様がつけられることが画期的な韓国メーカーの商品で、韓国や中国では非常によく売れていました。

これは日本でも売れると思い販売しましたが、日本ではまったく売れませんでした。

なぜでしょうか。海外では壁を塗料で塗るのは一般的ですが、ご存じの通り、日本では壁紙を貼るのが主流です。壁紙の種類も世界一多く、コストも安い。あえて塗料で模様をつけなくても、模様のある壁紙がいくらでもあるのですから、受け入れられなくて当然でした。


従来の概念を変える商品は、認知され、理解され、受け入れられるまでに非常に時間がかかりますし、宣伝広告費もかかります。そのため、中小企業にはハードルが高くなります。

「かたい綿菓子・苦いアイス」は、「綿菓子」も「アイス」もみんなが知っているもので、味や形を変えただけなので受け入れられるでしょうが、これまでに存在しないものを売り出すのは簡単ではありません。私が失敗から学んだことです。

価格競争には絶対入ってはいけない

私は値引きをする商品を今まで扱ってきませんでした。金のカエルは、値引きをしなければならないような商品をはじめから扱わないからです。金のカエルになるのは、ニッチなオンリーワンの商品です。ニッチなオンリーワン商品は値引きする必要がないのです。

では、みなさんはどうして値引きをするのでしょうか。

①売れなくて在庫が増える
②早く売って現金化したい
③売れないと商品価値（流行・ニーズ・季節感）が下がる
④競合会社との価格競争に勝つため
⑤売って次の商品の仕入れや開発をしたい
⑥顧客の継続的な販売促進のため
⑦購買意欲を高めるため

このような理由が考えられますが、「値引きする」とは、「想定利益を減少させる」ことです。大量に売りたいのであれば値引きの効果は期待できますが、商品単価にもよりますが１００個ぐらいでは次のような結果になります。

原価５０００円、定価１００００円、利益が50％の商品があるとします。

〇定価で売った場合

１００００円（定価）×１（定価販売）－５０００円（原価）×１００個

＝50000円（総利益）

○3割引きで売った場合

10000円（定価）×0・7（30％off販売）－5000円（原価）×100個

＝20000円（総利益）

○5割引きで売った場合

10000円（定価）×0・5（半値販売）－5000円（原価）×100個

＝0円（総利益）

これは誰でもわかることです。

気をつけていただきたいのが、5割引きの場合です。手元に売上が50万円入りますが、利益が上がったと勘違いしてはいけません。計算式を見ても明らかなように、実際の利益は0円です。

次ページの表は、売価、販売数量を増減させた関係を表にしたものです。

	現状	安くした場合	現状変動率	値上げ結果	現状変動率
売価	10000	9000	-10%	11000	+10%
仕入れ原価	7000	7000	0%	7000	0%
売上利益(粗利)	3000	2000	-33%	4000	+33%
粗利益率	30%	22%	—	36%	—
販売数(個)	10	15	+50%	8	-20%
売上利益(粗利)×販売数	30000	30000	0%	32000	+7%
	①	②		③	

この表からわかるように、10％値引きして15個販売する（②）より、10％値上げして8個売る（③）ほうが粗利益総額は多くなります。

値引きするのではなく、逆に値段を上げることを考えてください。たとえば70円の豆腐を売るより、300円の豆腐を売る。その値段を正当化するためにはどんな付加価値をつければいいかを考えましょう。

なお、ユーザーに対し値上げ申請をしたいときは、日ごろから情報収集をして、為替変動があった、原材料が上がった、輸送費が上がった、人件費が上がった、などの理由を常に考えておきましょう。

また値引き交渉をされないために、「このサービスならこれぐらい払っても仕方がないな」と思ってもらえる工夫を常にしておくことが大切です。

中小企業は利益率の高いビジネスをしなければいけません。大手は10万個、100万個単位のビジネスができるので薄利多売が可能ですが、中小企業にはそれはできません。だからこそ、高い利益率を意識する必要があるのです。

値引きは一番簡単な販売方法で、営業担当者としては脳がありません。一度値引きをすると、お客さんも「また値引きしてくれる」「きっと安くできる商品だ」となり、商品価値を下げ、ブランド力も低下します。

値引きをするのは誰でもできます。そうではなく、商品の長所を徹底的に探り、どうしたら逆に高く売れるかを真剣に考えてみましょう。

どうしても値引きをする必要があるのであれば、ただ値引きをするのではなく、次の様な工夫を加える必要があります。

・売れない商品との「抱き合わせ」にする（お客さんはお得感があり、在庫も減らせる）

・2個売りや10個売りに変える
・クーポンなどを配布して限定値引きとする（リピート率も上がる）
・全体セールを開催して、値引きの商品を目玉商品とする（他の商品も便乗して売れる）
・値引き品をお試し品とする（商品の知名度を上げる）

このような工夫を加えることで、ただの値引きではなくなります。

しかし原則としては、そもそも値引きする必要のない商品を扱うことが大切です。

斜陽産業には絶対入ってはいけない

値引きをしなければならないということは、その商品が他の商品と比べて価格競争力が低いことを意味します。開発の時点で、そのようなことにならない商品を考える必要があります。

これも、「金のカエル」になるための鉄則です。

ニッチでオンリーワンな商品であれば、価格競争に陥ることはありません。

また、**斜陽産業には絶対入ってはいけません。**

そのためには、ビジネスを始める前にその業界の将来性をしっかり確認する必要があります。

「残り物には福がある」でチャンスがないとは言い切れませんが、苦労が報われない可能性が高いからです。

同じ努力をしても、斜陽産業にいたり価格競争に陥る商品を扱っていたりすると、気持ちも疲弊してしまいます。始める前に十分に気をつけましょう。

現在儲かっている業界のみなさんとは、明るく未来志向の話ができますが、斜陽産業の人たちでは愚痴や溜息が多く、あまり仲間になりたくないものです。

「君子、危うきに近寄らず」です。

第5章

1億円稼ぐ金のカエルになる方法

コストをできるだけ安くする

利益率を上げるためには、開発費や原材料費などのコストをなるべく安くするのが鉄則です。

そのためには日ごろから、今ある原材料よりもっと安価な原材料がないか、もっと安く作ってくれるメーカーはないか、アンテナを張っていろいろな情報をキャッチする姿勢を持ちましょう。

このときに、**あなたが見つけた安価な原材料を他社も購入できないか、あるいは他社も同様に安く開発できないかを見極める必要があります。**

そうしなければ、結局他社と競合し、価格競争に陥る可能性があるからです。

労務工程の改善によりコストを抑えることもできます。たとえば組み立て手順を変える、無駄な事務作業を統合したり削除したりして生産性を向上する、ＩＴを活用した省力化により人件費を圧縮するなどが可能です。また、発送費などを工夫して対処することもできます。いくつかの改善により売価から差し引いて、競争力を上げていきましょう。

今ある商品に工夫を加えて差別化する

ニッチなオンリーワン商品は、ゼロから作るものだけとは限りません。

今ある商品を「他社に負けない圧倒的な強みがあるか」と深く見直して、改善点を探ってみることで、圧倒的に優位なオンリーワン商品に変えられるケースがあります。

たとえばキシリトールガムは、原材料を変えることでまったく新しい価値を生み出しました。従来のガムの原材料である砂糖や人工甘味料ではなく、虫歯菌を減らす効果のあるキシリトールを原材料にしました。それにより、従来の「虫歯の原因」というガムのイメージを大きく変え、逆に虫歯菌を抑制するガムという、これまでにない新しい市場を生み出しました。

パッケージに工夫をして差別化を図ることもできます。

たとえばリサイクル素材をパッケージに利用することで、コスト削減を実現し、また

ＳＤＧｓに貢献することもできます。もちろん企業イメージの向上にもつながります。

サービスでも同じです。他社にないサービスを見つけ出すことによって、優位に立つことができます。ただし、他社が簡単にまねできない工夫を加えておかなければなりません。

「社会の変化」はニッチビジネスのチャンス

「社会情勢の変化」「為替の変動」「法改正」。これらをビジネスの脅威と考える人もいるかもしれませんが、金のカエルを狙うみなさんにとっては、まさしくビジネスのチャンスです。

これらの変化によって未来がどうなるかを予測し、そのころにどんな商品や事業があればいいだろうかと逆算して考えることが、ニッチなオンリーワンビジネスを生み出す秘訣です。

実際、ＡＩやＩｏＴの急速な進展によって、従来は存在しなかった新商品やビジネスが続々登場しています。世界70か国で普及している配車サービスのＵｂｅｒ（ウーバー）は、日本では法規制があって現時点では完全な形では利用できませんが、人手不足もあって規制緩和が進んでいます。完全解禁されるのも時間の問題でしょう。

また新型コロナウイルスの流行でリモートワーク、オンラインセミナー、オンラインショップなどが急速に広がり、今や当たり前になりました。

消費者の嗜好も、高くても環境に優しい商品を選んだり、モノを所有するよりサブスクでシェアすることを好んだりするなど変化しています。求職者が企業を選ぶ際も、会社の規模や知名度よりも、働きやすさ、ＳＤＧｓやＣＳＲ（企業の社会的責任）への貢献度合いなどが重視されるようになっています。

こうした多様性の時代だからこそチャンスがあります。特に、フットワークが軽く変化のスピードが速い中小企業は、大手企業よりも優位と言えるでしょう。

私は輸入事業に多く携わってきたので、為替変動にも注意をしていました。

円高に振れそうだと思えば海外からの注文を増やし、円安になれば海外への販売を増やすなどしてきました。

外貨取引に直接関係のない企業でも、為替相場は回り回って原材料コストに影響するので、注意して見ておく必要があります。

最近のアメリカと日本との金利格差を活かして、ドル建てで資産運用するのもいいでしょう。

円が安くなっても高くなっても、どちらでも優位に戦える発想を持っておくことが大事です。

法改正もチャンスにつながります。最近では電子帳簿等保存法やインボイス制度の導入時に多くの企業が対応に苦慮していましたが、一方で、これらの手続きを簡易にするシステムを開発して利益を上げた企業もあります。

国からのＩＴ導入補助金を使って、この機会に一気にＤＸ（デジタル・トランスフォーメーション＝デジタル技術による変革）を進めた企業もあります。

法改正があるということは、その対応のためのニーズが必ず発生しますし、補助金が出ることも多いです。税制、労務などをはじめ、法改正の情報には敏感になりましょう。

補助金も、あることを知らなければもらえませんから、常に情報を集めておくことです。特に新規事業を始める際には補助金情報を要チェックです。

高い参入障壁ほど打開できると収益性が高い

世の中には上位２～３社が市場を独占している業界が多数存在します。たとえば医療業界、タクシー業界、通信業界、金融業界などです。これらの業界は参入障壁が高く、あとから参入しようという会社はなかなかいません。しかし、既存の市場に存在しないニッチなアイデアで参入できれば、収益性の高い事業を生み出すことができます。

こういう業界は閉鎖的で、新参者を受け入れない体質があります。しかし、誰も参入してこないからこそ、上位に君臨している企業は油断し切っています。うまく参入できれば、ひとり勝ちのビッグビジネスになります。

注意しなければいけないのは、こういう業界では上位数社のメーカーが組合や業界組織を作って、自分たちに都合の良いルールを定めているケースが多々あることです。
しかし、正論でぶつかると彼らを動かせる可能性があります。時には「それは既存メーカーにとって有利な決めごとですね」「フェアじゃないのでは？」「行政に相談させてもらいます」などと、多少強気に話すこともアリだと思います。

これまでも何度か例に挙げましたが、私がバッテリー事業に参入したときも、業界団体があって、その団体が許認可を行っていました。

かなりの難敵ではありましたが、正論でぶつかることで製品の許可認定をしていただいたことがあります。

私はこの事業で2億円程度の売上を作り、利益率も高い事業になりました。

こういう例もありますから、閉鎖的な業界であってもチャンスがあればあきらめず、参入の機会を狙ってください。

どうしても参入できない場合は海外市場に目を向けるのも一案です。海外で実績を作ってから日本に参入するという方法もあるでしょう

「優秀な人材」ありきでニッチ商品を考える

ニッチな事業を始めるには、優秀な人を採用する、優秀な協力者を得るなど、人を中心に考えて成功するケースもあります。

私は「ある分野に詳しい人が知り合いにいる」、あるいは「退社するそうだ」などの情報を得て、その人を他社から引き抜き新規事業をスタートしたことがあります。

自分はその方面に明るくなくても、1人の優秀な人材を入れることにより、その人のいた業界の優秀な人たちともつながりができます。彼らを中心として新規事業を進めることができます。

自分ですべてを考えるのではなく、その道のプロを中心としてニッチ事業を考えることが何よりの近道なのです。

ニッチ商品を持っていると、優秀な人材も集まってきます。

緑のカエルとして他社と同じようなことをしている会社には、ユニークな発想のとんがった人は集まりませんが、金のカエルとして変わったことをやっている会社には、求人募集をかけるとすぐにユニークな人材が集まってきます。私の会社も、人集めで苦労したことはありません。

興味のある業界や技術者がいた場合は、ヘッドハンティングもアリです。社長の周りに優秀な人材がいれば、新規事業は一気に加速するでしょう。

自社の強みを再評価する

SWOT《スウォット》（自社の外部環境と内部環境を、Strength〈強み〉、Weakness〈弱み〉、Opportunity〈機会〉、Threat〈脅威〉の4つの要素で要因分析すること）分析などで自社の強み、弱みを再認識し、そこから新たなニッチ事業を考え出す方法もあります。ゼロから考えるよりも手っ取り早いかもしれません。

あなたの会社の顧客、技術、仕入先など、強みと弱みを丹念に見直して、ニッチな新規事業に活かせるリソースはないか考えてみましょう。

弱みを強みに転じることも可能かもしれませんし、弱みを補強することで新規事業を作ることができるかもしれません。既存の競合会社が見つけていない新しい顧客を見つけ出すこともできるはずです。

たとえばあなたの会社の商品をAという会社が採用している場合、Aの同業他社Bにも使ってもらえるのではないか、と考えてみます。また、今持っている技術に何かを加えることで、他分野にも転用できないかと考えてみましょう。仕入れ先も、同様のものをより好条件で売ってくれるところはないかと考えてみてください。

このように今ある事業を再評価して、何かプラスアルファのアイデアを加えることによって、新しいビジネスが生まれたり、主力の事業とのシナジー効果（相乗効果のこと）が生まれたりすることがあります。

日本にないものを探し出す

手っ取り早くニッチな商品を手に入れたいなら、海外から見つけてくるのがおすすめです。

海外の企業や商品は、展示会やネットでも見つけることができます。以前は展示会に出展するのは大企業が多かったのですが、最近は、海外に目を向けている中小の外国メーカーの出展も増えています。彼らは小さな商いでもウェルカムなので、さほどハードルを感じずに取引企業を見つけることができます。

まずはメールで、日本国内での販売を希望する旨を連絡し、先方の反応を探ってみると良いでしょう。

相手から前向きな返事があれば現地に行き、商品を見たり、指導を受けたり、取引条件を確認したりして話を進めていきます。

海外メーカーと取引するのであれば、日本総代理店の権利を取得して販売することをおすすめします。そうしないと、ある程度売れてきたときに相手企業がほかのもっと条件の良い大きな会社を探そうとすることがあるからです。また他社が日本総代理店の権利を横取りすることがありますので、十分に注意が必要です。

相手にするなら上場会社・高所得者

ビジネスは、お金のある人からお金をいただくのが鉄則です。お金のない人に無理に販売することはできないからです。最初から良いお客さんを選んでビジネスを考えるほうが、ストレスが生じません。

自分よりレベルの高いお客さんと付き合いたいのであれば、プライベートでも日ごろからそういった人たちとお付き合いをして、ハイレベルな人たちの生活スタイル、考え方、価値観などを体感しておくことが大切です。

私も、多い年で年間3／4の週末をお客さんと過ごしていました。ゴルフ・釣り・スキー・温泉・旅行などでハイレベルな人たちと一緒の時間を過ごすことで、その人たちの考え方などが良く理解できましたし、仕事もスムーズに進めることができました。お客さんのニーズもつかみやすくなり、新たなアイデアが生まれる確率も高まりました。

90ページでも述べたように、美意識を高めて人間性を磨き、良いお客さんに好かれるように日々心がけることが大切です。

「あるもの×あるもの」でニッチ商品になる

発明とは、だいたい今あるものの組み合わせによってできています。つまり、何かと何かを組み合わせるだけでニッチな商品を生み出すことが可能です。

この方法なら、ゼロからアイデアを作り上げるよりも、簡単に素早くニッチな商品を作ることができます。

2つのものを組み合わせるときには、次のワードが参考になります。

転用・応用・変更・拡大・縮小・代替・アレンジ・逆転・統合などです。

私は、ゴムシートの上にステンレス板を貼り付けただけで1つの商品としたことがあります（左写真）。

ラスタッフ1600

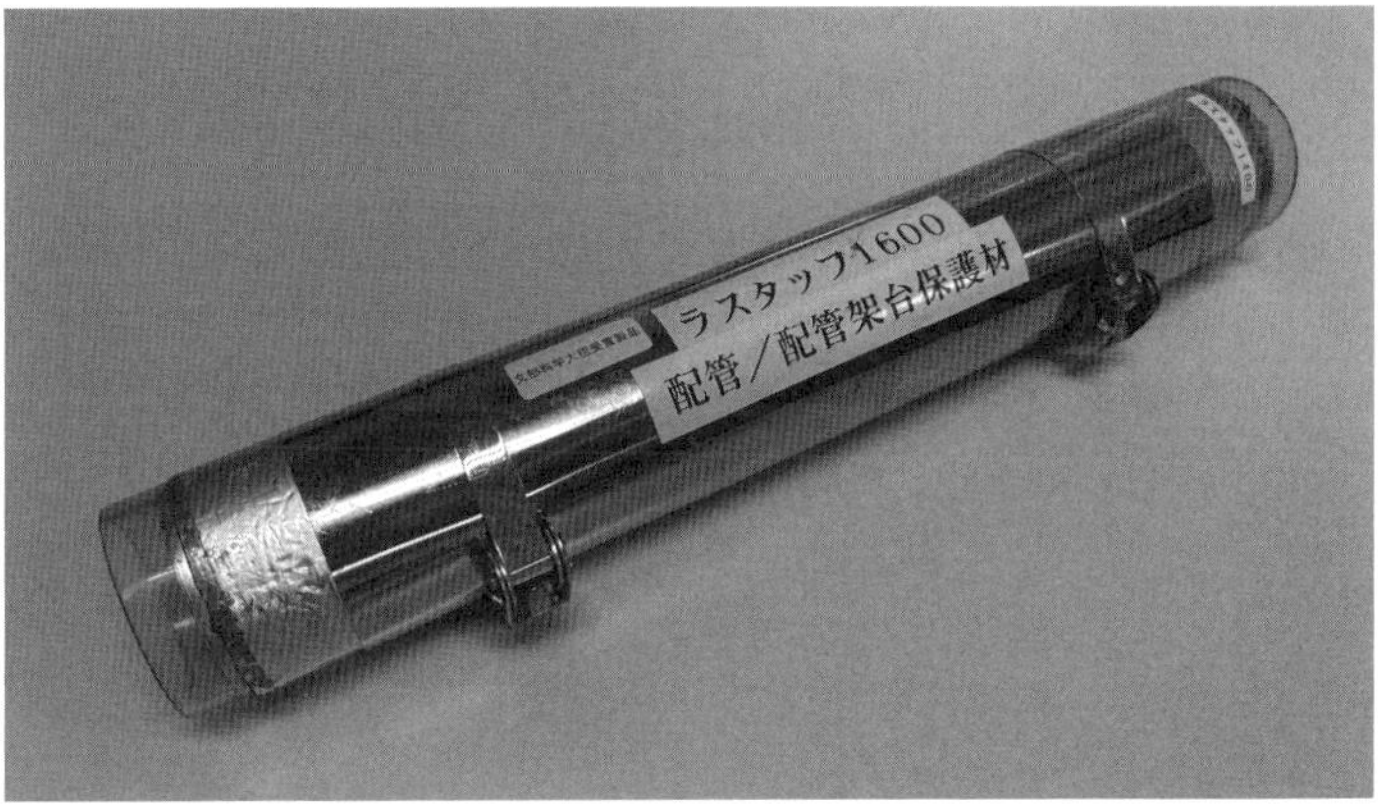

と言ってもただ組み合わせただけではなく、いろいろな試験を繰り返して、お客さんに納得していただける品質になるまで試行錯誤して作り上げました。

○○×○○はヒントに過ぎず、そのアイデアをちゃんと商品化するには、周到な計画が必要だということです。

この商品は特許を取り、１億円以上を売り上げ、文部科学大臣賞もいただくことができました。

異なる業界から商品を転用する

同じ業界に長くいると、ほかの業界の商品はあまりわからないものです。

私は当初、工業系の塗料業界にいました。塗料には建築系の製品と工業系の製品がありましたが、建築系の塗料を工業系の用途に使う人は誰もいませんでした。

しかし、建築系の製品は品揃えが幅広く価格も安かったので、これを工業系にそのままスライドしたらどうかと私は考えました。建築系の塗料を作るメーカーにＯＥＭで塗料を作ってもらい、商品名を変えて工業系の塗料として販売したところ、製造コストは以前よりも安くなり、私は優位なビジネスを行うことができました。

このケースで注意が必要なのは、業界によって要求される試験や基準などが違うことです。きちんと調べて業界の基準に合わせれば、売れる商品になります。

違う業界の商品に触れることで、今まで知らなかった業界の人とも親しくなり、これまでの常識では考えられなかった新しい商品を一緒に開発するという刺激的な経験ができました。

ビジネスフローを変えるだけでニッチなビジネスになる

商品を変えなくても、ビジネスの仕組みやフローを変えるだけで、ニッチな事業になることもあります。

たとえば、何度か紹介している使用済みバッテリーの買い取り事業では、今までお客さんがお金を払って使用済みバッテリーを処分していたものを、こちらがお客さんにお金を払って買い取る方法に変えています。

今までの習慣や常識を疑ってみることで、新しい発想が浮かび、ビジネスにつながることがあります。**現在のビジネスの仕組みをゼロベースで見直して、今の仕組みを変えたらどうなるかを考えてみる**のも良いのではないでしょうか。

たとえば、「モノを作って販売する」という仕組みを、「モノを作って定額で貸す」という仕組みに転換したのが、サブスクリプション（サブスク）ビジネスです。

寿司屋や中華料理店の出前は以前からありましたが、ウーバーイーツなどのフードデリバリーサービスは、お客さんが好きな店の料理を自由に選んで、自宅まで運んでもらえるという点が従来とは異なります。このサービスはお客さんの利便性が高まるだけでなく、飲食店にとっても販売エリアが広がる、配達要員が不要になるなどのメリットがあります。

これらの例のように、従来からあったビジネスの仕組みを変えるだけで、新しいビジネスを生み出すことが可能です。今はＩＴやインターネットの普及によって新しいビジネスモデルを作りやすい環境にありますから、あなたもぜひ、こうした視点でご自身のビジネスを見直してみましょう。

最初から得意先を意識して商品を考える

「これならお客さんに使ってもらえそうだ」と思える商品を考えましょう。最初から購買見込みがあれば、低リスクで開発を進めることができます。

そのためには日ごろからお客さんと良い関係を作っておくことが大前提です。損得抜きで、「あの人にお願いしよう」と思ってもらえる〝頼まれ上手〟な人間になっておくことが大切です。

たとえば「○○ができる商品はないか」「○○と同じような商品はないか」と相談されたら、調べて答えるだけでなく、自分でそういう商品を仕入れて販売することも考えるといいでしょう。

また、大手企業相手に新規で取引口座を作ってもらうのは簡単ではありませんが、一度取引口座を持ってしまえば、それをきっかけにメーカーと取引を開始して、大手会社に販売することも可能になります。

私は売上4000億円の会社の商品を、自社1社で代理店となり、取引口座のある会社に販売したことがあります。取引のある会社は大手企業だったので、1案件で2億円の売上になりました。取引している大手企業との親密な関係があったからこそ、仕入先大手メーカーもわざわざ自社経由で取引することを決めたのです。

頼まれやすい人間だったからこそ、企業のニーズをつかむことができ、売れそうな商品を見つけ扱うことができた。――それがあったからこそ成せた技です。

お客さんのクレーム・要望はヒントの宝庫

お客さんからのクレームや要望は、重要な製品開発のヒントになります。

たとえばあるお客さんから「これをもっと大きくしてほしい」「こんな機能をつけてほしい」「もう少し長い時間使いたい」と言われたら、きっと同じことを考えているお客さんはほかにもいるはずです。その要望をスルーせずに、新商品の開発にぜひとも生かすべきです。

他社商品を研究してマイナス面を見つけ、それをカバーする商品を考えるのも一案です。実際に自分もその商品を使ってみて、お客さん目線で考えることも大事です。

そしてクレームや要望は社内で記録して、みんなが共有しておきましょう。クレームは決してマイナスではなく、新たな商品開発のタネとなることを社員にも伝え、積極的に共有してもらいます。

クレーム対応は精神的に非常に凹《へこ》みますが、そこにお客さんの切なる願いがあることも忘れないでください。クレームは、さらなる商品の進化とアイデアのもとになります。

商品販売に情熱があれば「買わない理由」も聞き出せる

新商品をリリースしたときに、お客さんの反応を見るために自ら販売現場に行ったことはありますか？

パナソニックの創業者の松下幸之助は、新商品のリリース初日に担当社員がオフィスにいるのを見て、「商品がお客さんに受け入れられているかどうか、どうして見に行かないのか」と怒鳴りつけたそうです。

新しい商品を成功させるには、これぐらいの情熱が必要です。

私は新商品が出たときに、販売店へ行くのはもちろん、身分を伏せて自分で買ったこともたびたびあります。周囲の人に「売れている」という印象を与えたかったからです。

販売現場に行くと他社製品を見ることもできますし、他社製品がどのように陳列され、どのようなPOPで紹介されているかを見ることもでき、とても参考になります。

商品の反応は、販売店に聞くだけでなくお客さんに直接聞いても良いと思います。

また、購入しなかったお客さんに「どうして買わなかったのですか」と聞くことで、新しい商品のヒントになります。聞くのが恥ずかしいなどと言わず、自社の商品に情熱と愛着を持って取り組みましょう。

販売する前にモニタリング調査をするのも、もちろん良いのですが、現場でお客さんに聞くのは、もっと確実なマーケティングです。

「不便だな」「こんなのあればいいな」を突き詰める

日々の生活で、「不便だな」「こんなサービスがあればいいのに」と思うことはよくあるのではないでしょうか。

しかし、それを深く突き詰めて商品にしようとまで考える人は多くはありません。

もしあなたがキャンプ好き、犬好きなどニッチな分野に精通していて、また、それがまだ世の中にない「不便だね」「こんなサービスがあればいいのに」なのであれば、集中して考えてみましょう。新たな市場を生み出すチャンスかもしれません。

あなたが不便だ、こんなサービスや商品が欲しいと思っているのなら、ほかの人も同じように思っている可能性があります。そこには需要があるはずです。

突き詰めていく過程で、「すでに世の中にあった」とわかったとしても、もっと簡単にできないか、もっと安くできないかと考え続けることで、ニッチなサービスや商品が見えてくるかもしれません。

納得がいくまで突き詰め、自分なりの結論を出していくことを習慣にしましょう。

第6章

アイデアを具現化する秘訣

エジソンはアイデアを具現化する努力家

トーマス・エジソンは天才発明家として有名ですが、実はそれ以上に努力家でした。彼は発明を成功させるまでに何度も何度も挫折や失敗を繰り返しましたが、あきらめずに努力を続けました。

たとえば彼が発明した電球も、数限りない試行錯誤と失敗の末にできたものです。ほかにも蓄音機、映写機など数々の発明がありますが、発明品そのものよりも、何度失敗を繰り返してもあきらめなかったことのほうが評価されるべきだと私は思います。

多くの有名な起業家も、同じように能力も高いのですが、それ以上に、あきらめない努力家だったと思います。

情熱の強さが事業の成否を決める

私は、情熱があるかどうかがその事業の成否を決めると思っています。

情熱を持って仕事に取り組んでいる人は、目にも目力《めぢから》が宿ってきますし、「この人、パワーがあるな」とオーラのようなものを感じます。すると、オーラに引き寄せられて応援してくれる人が集まってきます。

手前味噌で恐縮ですが、私もよく「熊谷さんはパワーがあふれていますね」と言われます。そのパワーは、営業面でも新規の取引先開拓でも、良い結果につながってきました。

情熱を持って取り組むことは誰でもできます。ただ、情熱を長く維持するためにはいくつかコツがありますので、ぜひ実践してみてください。

①自分の仕事の社会的価値を知り、信念をもってことに当たる
②計画を立てて実現し、小さな成功や達成感を感じて次の高みを目指す
③自分できっぱりＮＯと言える判断基準を持つ

④闘争心をかき立てるリフレッシュ法を持つ

私の場合、情熱を持ち続けるために、闘争心を燃やし続けてきました。しかし、年齢とともに闘争心が減って穏やかになり、「丸くなったね」と言われることがあります。でも私は、「丸くなる」ことが良いとは思っていません。逆に、いつまでもギラギラとがっているほうが人として魅力があると思っています。

渋沢栄一は、このように言っています。

「男はいかに丸くとも、角を持たねばならぬ」

闘争心を持ち続ける

新しいことをやろうとすると、敵も増えます。闘争心がなければ途中で挫折してしまいます。私は闘争心を持ち続けるために、マラソンなど自分に負荷をかけることを意識してきました。

マラソンはビジネスと同様、目標を設定して計画を立て、継続的に努力をする必要があります。レースにエントリーしたら目標タイムを設定し、レース当日から逆算してトレーニングの計画を立て、計画に沿ってトレーニングをします。そうすることにより、忍耐力や闘争心を掻き立てることができます。レース本番より、トレーニングの過程を楽しむほうが私は好きです。

マラソンは多くの優秀な経営者も行っている競技です。健康維持、ストレス解消、達成感も味わえます。同様に山登り、サイクリング、筋トレも1人で行えますので、好みのものを選んで取り組んでみると良いと思います。

屈辱は闘争心に変える

誰もやっていないことをやろうとすると、他人からばかにされることもあります。そこで凹《へこ》むのではなく、逆に「今に見ていろ！」という闘争心に変えましょう。ばかにしていた相手を見返してやるつもりで新規事業に取り組みましょう。

目的が達成できたときの爽快感は大きいはずです。

また社会貢献的事業なら「自分がやらなければ誰がやる」ぐらいの意気込みで取り組みましょう。自分を奮い立たせましょう。

闘争心は強い情熱となり、周りを巻き込むパワーとなります。

今から天才になることはできなくても、情熱を持って取り組むことは誰にでもできます。

新規事業を行おうとすると、さまざまな障害や壁が待っています。中途半端な気持ちではなかなか乗り切ることはできません。

しかし情熱を待って取り組めば、必ず結果が出るはずです。

良き相談者を選ぶ

アイデアを出すと、いつもネガティブな意見を言う人がいます。そういう人は、たいてい自分からアイデアを出すことはありません。いわば「否定すること」が趣味のような人です。

そういう人に、初期段階で相談をしてはいけません。せっかくのアイデアがつぶされてしまいます。

「前例がない」と言う人も必ずいます。しかし、新しいことをやろうとするのに前例などあるはずがありません。そういう人にも相談してはいけません。

もし、あえてネガティブな意見も聞きたいのであれば、ある程度アイデアが固まった段階で、参考程度に聞けばいいでしょう。

イノベーションの敵は身内にいる

どんな会社でも、ネガティブなことしか言わない人、保守的で新しいことを拒絶する人はいます。こういう人がチームにいると会議もしらけてしまいますし、場の雰囲気が悪くなります。

チームを組むのであれば、あなたのアイデアに賛同する人たちでチームを組み、事業を進めていきましょう。あるいはあなたが社長であれば、当初は1人でアイデアを温め、ある程度形になってきたら、気心の知れた社外の人に意見を聞いて進めるほうがうまくいきます。

ではネガティブな意見を言う人は必要ないのかというと、そういうことではありません。彼らはリスクを考えることが得意なので、カタログや取扱説明書、注意事項などの作成時に役立ちます。非常に繊細な部分まで心配をして検証してくれるでしょう。ちなみに、こういう人を変化させるために、自分でアイデアを出させる方法があります。自分でアイデアを出してみれば、それが簡単ではないことがわかりますし、ネガティブな意見を言われる側の気持ちもわかるようになります。

時間がかかりますが、ネガティブなままでいられるよりは良いと思いますので、試してみてはどうでしょうか。

「仕事が増える」という理由で新しいことをいやがる人もいます。こういう人は、日ごろから小さなチャレンジの機会を与え、**成功体験や達成感を味あわせ、それなりのインセンティブを与えると、**新しいことを前向きにとらえられるようになります。

組織の中にはいろいろな人がいます。みなさんも苦労されていることでしょう。

人を変えるのは難しく時間もかかりますが、なるべくその人のマイナス面ではなくプラス面に焦点を当て、力を引き出していくしかありません。


2024年の米国ギャラップ社の調べによると、「仕事のやる気がある人の割合」で、日本は125か国中124位。「やる気がある」と答えた人は5・31％でした。

米国ではやる気がない人は解雇されますが、95％ものやる気のない人を抱えなければいけない日本企業は大変です。


しかしやる気のない人でも、一度やる気の火がつくと変わります。

私も以前は、やる気のない社員に苦労しましたが、社員にある程度の責任を持たせ、自主的に判断させるようにしたことで、社員に責任感が芽生えて結果も出せるようになりました。

結果がやりがいにつながり、見違えるようにポジティブな社員に変わりました。

中小企業は少人数で仕事をまわしていかなければならないので、経営者は個々の性格を把握し、やる気の火をつけてあげる必要があります。

どこにやる気の着火点があるかは人によって異なるので手探りです。

また、自分の成果や出世などにまったく興味のない人もいます。

やはり、人が一番難しいのです。しかし、だからこそ、前向きな社員に成長してくれたときの喜びもひとしおです。

大人数でアイデアを出すポイント

アイデアは1人で考えるのもいいですが、多くの人が集まると思いもかけないアイデアが出ることがあります。

アイデア出しのときは、リラックスしてワイワイ・ガヤガヤでき、自由に意見が出し合える場を提供することが大切です。お菓子や飲み物を出すのもいいでしょう。

小ぶりなホワイトボードを机の上に置いて自由に記入できるようにしたり、発表者が説明のときに使えるよう、おもちゃのブロックや人形などを置いたりしておくのもいいでしょう。

司会者を順番に交代させると、司会者の気持ちがわかり、積極的に意見を出そうとするようになります。

大人数でアイデアを出し合うときのポイントは、以下のようになります。

①年齢性別を問わず多彩な人を集める

いろいろな意見を出すためには多彩な人選が大事。

②他人のアイデアを否定しない

否定されると自由な意見が出にくくなる。

③どんなアイデアも受け入れる

質より量。質が悪い内容にも本質が隠れていることがある。発言者も、ダメなアイデアとわかっていても、アイデアを出し続けるタフさが必要。

④他人のアイデアを掛け合わせてふくらませる

複数のアイデアを足したり掛け合わせたりするとユニークなアイデアが出やすい。

⑤時間は1時間以内とする

制限時間があるほうが集中できる。事前にテーマを周知し、あらかじめ考えてきてもらうと時間短縮になる。

⑥テーマ以外の内容も記録する

テーマからずれた発表でも、記録しておくと、新たなアイデアにつながる可能性がある。

説明能力を高める

アイデアを具現化するには、さまざまな人の協力が必要です。協力を得るには、そのアイデアがどれほど素晴らしいものか、上手に人に伝えなければいけません。思考を整理して、相手が理解できるようにわかりやすく説明する力を高めましょう。

自分にとっては当たり前のわかり切ったことでも、相手ははじめて聞く話ですから、省略したりせず1から丁寧に伝える必要があります。

いきなり口頭で説明しようとすると、自分でもわからなくなりがちなので、一度文章で言語化して、企画書にまとめたほうが良いかもしれません。

目に見える形になったら、自分がこの商品で本当にしたいことは何か、この商品がほかとどう違うのか、どこが良いのか、何がなぜ重要なのかがきちんと伝わるか、冷静な目で眺めてみましょう。

説得力ある言葉で明確に説明できていなければ、人の心は動かせません。

できれば、その商品の特徴や魅力を簡潔に表現できるキャッチコピーも考えると良いでしょう。商品のアピールポイントが明確になります。

まだ世の中に存在しない商品であれば、自分でスケッチしたりプロトタイプを作ったりするのもおすすめです。段ボールや粘土などでおおざっぱな形を作るだけでも、サイズ感や形がわかり、イメージしやすくなります。形やサイズに違和感があれば、このときに修正することもできます。

サービスは形がないものですが、サービス提供までのフロー図を描くことでイメージがしやすくなります。従来のサービスや類似サービスもフロー図にすると、新しいサービスとの違いがわかりやすくなり、どこがほかより優れているのかも明らかになります。

フロー図を作ることによって、各工程の問題点や、資源・人材など必要なリソースの確認もできます。

チームを組んで完成させる

アイデアはそのままでは形になりません。専門家や協力会社を見つけてチームを組み、商品として完成させる必要があります。

1からすべて自分で作ることはできませんし、できたとしても時間がかかります。優れた専門家たちと組んで依頼したほうが、良いものが早くできます。

私は何点かの新商品を専門家と組んで商品化したことがあります。何度も試行錯誤しましたが、その過程においても勉強になることが多く、自分ではできないことを専門家に任せる形で商品を作り上げる手法がとても有効だと実感しました。

また、大手のメーカーであれば試験設備も整っているので、彼らと組めれば別途試験費用をかけることなく商品開発を進めることができます。

大企業を相手に「こんなことを相談しても、やってくれないのではないか」と考えがちですが、メーカー側からしたら新しいアイデアが欲しいわけですから、私の経験上、断られたことはほぼありません。

最初から「ダメだ」と思い込まず、手当たり次第に連絡を取ってみてはどうでしょうか。

できればメールで相談するのではなく、直接会って具体的に話をするほうが良いでしょう。メールでは、アイデアだけを盗んでそのメーカーが作ることもあるからです。実際、私はアイデアを盗られたことがあります。しかし、顔を見て話した相手のアイデアをただ盗りしようとは、なかなか思わないのではないでしょうか。

特に、はじめて付き合う会社には注意を払ったほうがいいでしょう。**必要であれば**

特許などの権利取得後や、秘密保持契約書を締結後に相談するのがいいと思います。

ネーミングにはこだわりを持つ

中小企業の商品のネーミングが、大手と比べてダサいと思ったことはありませんか？　せっかく良い商品なのに、「これでは売れないな」と思うネーミングがよくありますよね。

大手企業はお金をかけて、その時代やターゲットにフィットするネーミングを考えています。なぜそこにお金をかけるかというと、ネーミング１つで売上が伸び、企業のブランド価値に大きな影響をもたらすことがあるからです。

たとえば「ガリガリ君」や「うまい棒」は最高のネーミングだと思いませんか？　一度聞いたら忘れられないインパクトがあります。**小さい会社こそ、多少お金をかけてでも、こだわりを持って命名することをおすすめします。**

ラスタッフのロゴ。「RUST」の色をさび色にして、Sの字にハケがつながっています。これぐらいのこだわりが必要です。

私は以前、塗料会社を経営していたときに、以前までバラバラだった商品名を思い切って統一し、「ラスタッフ」シリーズと名づけ直したことがあります。

「ラスタッフ」とは、「ＲＵＳＴ（サビ）」と「ＳＴＡＦＦ（スタッフ）」を掛け合わせた造語です。お客さんに「あなたのサビのスタッフは弊社です」と思ってもらいたいという願いを込めて名づけました。

ロゴデザインも一新してシリーズで共通化し、商品カテゴリーごとにナンバーリングして分類しました。たとえば１０００番台は金属補修材、２０００番台は特殊塗料として「ラスタッフ１１０１」「ラスタッフ２１０１」と命名しました。１からスタートするのではなく、１０００番台、２０００番台としたのは、多くのラインナップがあると思ってもらうためです。

ネーミングを刷新したことで、私の会社イコール「ラスタッフ」、サビ止めと言えば「ラスタッフ」と印象づけることに成功しました。

会社のデザインや商品のロゴデザインは、センスのある制作会社に依頼しましょう。信頼できる制作会社を1社持っていれば、ホームページやリーフレットなども統一したイメージで制作でき、一貫した企業イメージを作ることができます。

商標登録で箔をつける

ネーミングをするときは、事前に商標登録が取れる名称かどうか（まだ出願されてないか）を確認してネーミングを考えてください。商標登録とは、ざっくり言えばネーミングとロゴを他社がまねできなくするための法的な防衛策です。「RUSTAFF®」のように®マーク（商標登録マーク）をつけることで、商品の価値を高める役割もあります。

商標登録出願は、特許庁のホームページにある書式に記入して送れば2万円前後で出願できます。商標登録があるだけで、お客さんに「この会社はしっかりしているな」と印象づけることもできます。商品に箔がつき、もう一段高いステージで会社を認知してもらえます。

ニッチな商品ができたら、必ず商品名にはこだわりと愛着を持ってください。そうすることで、ニッチな商品がブレイクする起点となります。

ちなみに、「小さな井戸の金のカエル」は商標登録を申請しました。この本が売れて、「小さな井戸の金のカエル」に価値が出てくる日が楽しみです（笑）。

ぜひあなたも楽しんで、柔軟な発想で商品のネーミングを考えてみましょう。自分のネーミングによる商品がどんどんお客さんに使われることも、喜びの1つです。

特許が取れるかを考え、作り込む

特に良いアイデアが出たときには、弁理士と相談し、特許が取れるかを先に考えてから具体的な製作に入ることをおすすめします。**最初から特許を取れるように商品化**

を考えるほうが、特許によって競合会社の参入を防ぐことになるからです。

商品ができてから特許を取ろうとしても、新規性がないからと認められず、まったく違う商品になったり、1から考え直さないといけなくなったりすることが多々あります。ですから、まずはアイデアの段階で弁理士と相談してみるのが良いのです。

優秀な弁理士と仲良くなっておくこともおすすめします。

私は10件以上の特許を申請して取得したことがありますが、商品を開発している段階から相談すると、弁理士は「こうすれば特許が取れますよ」とアドバイスもしてくれます。

特許を取ると、製品を販売するときのPRにもなりますし、競争を防ぐことができます。時間がかかりますし取れないケースもありますが、ダメもとで申請を行うだけでも防衛になります。

なお、特許出願の手続きは非常に専門的で難しいので、自分でやろうとせず、弁理士に頼むことをおすすめします。特許出願作成費用の相場は、1件につき30～60万円です。そのほか、出願料1万4000円+審査請求料13万8000円などの費用が出願に応じてかかります。詳しくは、特許庁のホームページなどでご確認ください。

◎ビジネス特許も検討する

インターネットを介したサービス事業であれば、ビジネス特許の取得を検討することもできます。

たとえば、アマゾンの「ワンクリック特許」（ECサイトで商品を購入する際に、送り先住所や支払い方法の入力をそのつど行う必要がなく、ワンクリックで購入できる）、TSUTAYAの「レンタル商品返却システム」（配送社を通じてレンタル商品を返却するシステム）などが、これまでビジネス特許に認定されています。

私が保有しているビジネス特許に、「契約支援装置　契約支援方法　及びプログラム」があります。これは海外の輸入品を、海外にある段階でも日本で購入できるシステムです。

このほか、発明協会に加盟することを検討してもいいでしょう。いろいろな発明者と出会えたり、同協会から表彰されたりします。私もこの協会を通じて、文部科学大臣賞をいただいたことがあります。

◎その他の知的財産権についても知っておく

・**実用新案**：特許よりハードルが低く、形状や構造、組み合わせなども対象になります。特許は20年の権利がありますが、実用新案では出願から10年、アイデアが保護されます。

実用新案は無審査で権利になりますが、実用新案技術評価を請求したうえでしか権利行使できませんので、その点には注意が必要です。

・**意匠権**：物品の形状や模様、色彩等のデザインに関する権利です。意匠権は25年間保護されます。登録には出願手続きや審査手続きが必要です。権利を取得できれば、模造品の販売製造の差し止め請求や、賠償金の請求ができます。

・**商標権**：自社の商品やサービスを他人のものと区別するために使用する商標（マークやロゴ、社名、商品名など）を守る知的財産権です。登録日から10年間保護されますが、更新可能なので、更新を行うと半永久的に権利を維持できます。

商標には文字、図形、記号、立体的形状の組み合わせなどがあります。商標を勝手に使用された場合には、使用の差し止め請求や賠償請求ができます。

・**著作権**：文芸、音楽、美術、写真、映画、ソフトウエアなどの著作物を守る権利です。著作権は、著作者が著作物を創作したときに自動的に発生します。損害賠償請求や差し止め請求などの権利行使ができます。

参考までに、戦略的にあえて特許を出さないという選択肢もあります。大手と特許権利主張で争っても、大手は特許室などの専門部署を持っており、法律を熟知して網の目をかいくぐってくるので、権利を主張しても負けるケースがあるほか、特許取得により情報が公開されるのを避けたりするためです。

アイデアをまねされない方法

新しいアイデア、ニッチなオンリーワン商品を作っても、他社がすぐにまねをして作れるようでは、長く利益を得られるビジネスにはなりません。開発の段階から、他社がまねできない工夫をしておく必要があります。

1つは「**素材のブラックボックス化**」です。商品の種類によっては、素材の使用成分を公開しないと法律違反になることもありますが、配合比率は公開しないなど、他者が分析できないようにする方法です。

もう1つは、**仕入れ先と独占契約を結び、他社との同類製品の取引を禁止する方法**です。

このほか、海外製品の場合には必ず日本総代理店契約や独占販売権の契約をする必要があります。最初はあなたの会社1社だけと取引していた外国メーカーが、のちにより有利な会社と契約を行うことがあります。こういうことが起きると、それまで積み重ねてきた営業努力がゼロになる可能性があるので、十分注意が必要です。

とはいえ、いくら立派な契約書を交わしていても、中小企業相手だと守らない企業があることも事実です。

私も何度もそうした経験をしてきました。たとえば、私の会社と日本総代理店契約をしているのに、ほかの日本の企業に販売をしていた会社がありました。もちろん、契約違反だとクレームを言い、他社との取引をやめてもらいました。

大事なことは、仕入れ会社とのトップ同士の信頼関係に尽きます。

相手が契約違反をした場合、裁判を起こせば勝てるかもしれませんが、勝ったとしても信頼関係は壊れていますからその後の関係構築は難しくなります。裁判を起こすくらいなら、その時点で関係を取りやめるほうが得策でしょう。無駄な時間と費用がかかるだけです。

海外メーカーと付き合うコツ

海外メーカーとの争いごとを避けるためには、年に1、2回の現地訪問を繰り返し、トップ同士が家族ぐるみで付き合うようにしておくことが予防策となります。

私は韓国のメーカーと長く付き合いをしていますが、当初は契約違反をされることもありました。しかし、信頼関係を維持するよう努めたおかげで、今ではその社長とは兄と弟のような関係を維持しています。

海外メーカーが特別なわけではなく、日本メーカー相手でもこのようなことは起きます。同様に、リスクヘッジが必要です。

また取引先の業績も常に把握して、臨機応変に交渉していくことも大事です。先方の業績が不振であれば、強気に交渉することもできるでしょう。

海外メーカーとの交渉では通訳者もカギを握ります。通訳者は、両社に対してフェアな人を選んで付き合う必要があります。万一、片方に有利に話をする通訳者であれば、お互いに通訳者を立てることをおすすめします。

アイデアは3つのチームで考える

会社の中で新規事業を起こす場合は、既存事業とは別の部隊を作ったほうがいいでしょう。たとえば、組織を次のように3つに分けておくと役割分担がはっきりします。

①既存の事業を行う部隊
②10から100を作る部隊
③ゼロから1を作り10まで持っていく部隊

①②は従来の事業での稼ぎ頭です。そして、③は新たなアイデアを生み出し、商品化まで進める部隊です。人には得意、不得意があります。能力に適したチームを作ることが目的達成の近道です。

③のチームの内で、さらに次の3つのグループに分けます。

1グループ：アイデアマン

アイデアを出しやすい人を社内で選抜します（アイデアを出しやすいタイプは、第2章を参照）。自分のアイデアが採用されなくても、落ち込まない人ならさらにいいでしょう。受け手側では、どんなアイデアでも受け止める環境を作ることも大切です。

2グループ：試作班

試作品を作る技術に長けた人を選抜します。アイデアマンと協力して仕事を進めさせましょう。技術的難問にぶつかったとき、アイデアマンがいると違う切り口で打破できます。

3グループ：実行・販売班

商品が完成したら、販売経験者の意見を聞いて販売戦略を立て、販売班と市場を開拓します。価格は販売員とよく相談をして決めたほうが、販売員が売りやすくなります。

適材適所で人を配置し、得意な分野に集中してもらいましょう。苦手な仕事を無理にお願いしても、お互いにストレスになるだけで良い結果は生まれません。

1人で新規事業を行う場合は、**1グループ**のアイデア出しに集中して、**2グループ、3グループ**の業務については外注で行う方法もあります。

利益が上がるなら、外注先はいくらでも見つかります。

もちろん、**1、2、3**の全グループの業務を1人で行うことも可能です。

私は、最初の立ち上げに関しては**1**から**3**まですべて自分で行ってきました。そうすることで開発した商品の実感をつかむことができますし、思いが強いので**3グループ**の販売でも良い結果が生まれます。

販売の道筋がある程度ついた段階で、組織①や②の販売部隊に渡す、という方法でも良いと思います。

1グループでは常にアイデアを準備し、ニッチ商品を次々に生み出す態勢を作っておくことも大切です。

若い人とベテランが組むと最強のタッグになる

若い人は、時代の変化に敏感で、頭も柔軟です。新しいアイデアを量産するには欠かせない存在です。しかし、既存の商習慣や業界の常識などには疎い可能性があります。

そこで、経験や知識の抱負なベテランと組んで事業を進めることで、失敗のリスクを減らせます。

ネット関連の事業では、このような手法で成功した例が多いです。

たとえば国内で最初にネットで保険手続きが完結できる仕組みを作ったライフネット生命保険の創業者は、２００６年当時30歳の岩瀬大輔さんと、58歳の出口治明さんでした。

岩瀬さんは、若い世代にならネットでも保険が売れると考えていました。一方の出口さんの前職は日本生命保険相互会社で、保険業法などに精通していました。２人の年齢差や知識・経験差があったからこそ、新規性のあるアイデアと事業の確実性が両立できたのではないかと私は感じます。

私も30代のときに、20歳以上年上で、その業界で長く仕事をしていた方に自社に入社してもらい、新しい事業を展開できた経験があります。その方は商社やメーカーに勤めていた経験もあり、私に強くメーカーや商社のようになることをすすめてきました。

今思えば、その方の経験値のおかげでビジネスで目指すべき方向性が明確になり、時間を無駄にせず目標達成への近道になったことは間違いありません。

その方には、当時の私の会社のご意見番として長く働いていただきました。仕事以外でもいろいろ勉強になり、私にとってはすごくプラスになりました。

経営者は孤独ですが、経験を積んだ信頼できる年配者がそばにいると、メンタル面でもサポートが得られ、安心感が生まれます。

日本では大手企業で共同創業者はあまり多くありませんが、アメリカのアップルやマイクロソフト、フェイスブックは、若い経営者が年の差のある共同経営者とともに事業をスタートさせて成功を収めています。

参入障壁を高くする

何度か述べているように、優れた商品やサービスはすぐにまねされてしまいます。新しい商品やサービスを考える場合、競合相手が簡単に自社商品をまねできないように、参入障壁を高くしておく必要があります。

苦労して開発した商品がすぐにまねされると、長く利益を上げ続けることができません。まずは仮想の競合他社を何社か選び、どこが参入してきそうか考えてください。

競合会社が新しい商品に興味を持つか、そして自社より安く作れそうかを考え、もし競合会社が自社より安く製造できそうなら、最初からやらないほうがいいでしょう。サービスについても同様です。

中小企業が参入障壁を高くするには、小さな市場での差別化戦略しかありません。小さな市場には大手は参入してきません。だからこそひとり勝ちすることが可能なのです。たとえば高級な「熊野筆《くまのふで》」で知られる白鳳堂《はくほうどう》は、大手がどこも参入していない「化粧筆」の市場に目をつけ、化粧筆に特化して生産を始めました。今では世界シェア70%以上を誇る化粧筆メーカーとして知る人ぞ知る存在になっています。

高知県のひだか和紙有限会社が製造する0・02ミリの和紙は、世界一薄い和紙としてルーブル美術館の絵画の修復や、重要文化書類の修復に使用されています。「アルファシータ」は、DJプレイヤーの分野で世界シェア70%を占めるオーディオ機器メーカーです。

また、小さな運動具店だった「タマス」は、現在は世界シェア50%を占める卓球用品総合メーカーとなっています。

このように大手が参入してこない小さな市場で大きなシェアを握ることで、参入障壁を高くすることを意識しましょう。

顧客に与える価値は何か

差別化を考える場合、一番わかりやすいのは、顧客にどのような価値を与えられるかです。

たとえば次のような観点から考えてみましょう。

・独自の機能
・○○限定（地域、期間、特定の顧客層など）
・製品の社会性
・原材料の違い
・ブランド力
・アフターフォローの充実度合い
・希少性（手作り品・少量生産・オーダーメード）
・顧客との距離の近さ
・新規性

・あえて衰退産業　……など

最初から差別化戦略をふまえてニッチな事業を考えることが、その後に長く利益を勝ち取る秘訣です。

海外品はデータを鵜呑みにしない

私は多くの海外製品を輸入販売してきましたが、最初から海外品の試験データを鵜呑みにはしませんでした。海外の試験方法やデータの基準等は、国内のものと異なるからです。

万一、お客さんにお出しするデータが基準と違っていたら信用に関わります。

私が海外の試験データを疑うようになったのは、はじめて海外製品を手がけたとき、念のためと思って日本でテストをしたら、海外から提出されたデータとまったく異なる結果が出て大変驚いたからです。それ以来、試験は日本で行っています。

必ず日本のＪＩＳ規格に準じた試験を行い、必要であれば業界の規格とも照合した

うえで販売することで、商品の信頼性を上げてきました。

商品によっては試験の必要がないものもありますが、試験を行い数値を出しておくことで、納品試験の基準ができ、不良品をはじくこともできます。

どこの国も日本人ほど製品に求める精度は高くないので、日本人には想像もできないくらいひどい状態の納入品が到着することもあります。自衛のためにも、国内での試験が必要なのです。


私は塗料製品を海外でＯＥＭ製造して販売してきましたが、あるとき、納入されたペイント缶がひどく汚れていたので指摘したところ、平然として「私たちの作っているのは中身の塗料なのだから、缶が汚れていても関係ないじゃないか。お客さんも中身の塗料が欲しいのでしょう？」と言われたことがあります。

確かにその通りなのですが、日本の感覚ではあり得ないことです。

私は日本での品質に対する考え方についてこんこんと説明し、「日本では、外のペイント缶も大事な製品の一部ですよ」と言い聞かせました。そんなふうに、海外メーカーとの取引経験を積んでいきました。

海外との取引は、最初はいろいろと問題もありましたが、失敗経験を積むことで、起こり得るトラブルを予測し先回りして対処ができるようになります。

トラブルが多いからと海外メーカーとの取引を断念する方もいますが、国が違えば考え方も大きく違うという大前提を持って交渉することで、多少のことは理解でき、乗り越えられるようになっていきます。

また彼らと話をしていると、私たち日本人のほうが何かにつけて細か過ぎなのであり、彼らの言い分のほうが一般的なグローバルスタンダードであるような気もしてきます。いろいろな国の人と仕事をすることで、自分の中の価値観も変わってきて勉強になりますし、新しい発想のヒントにもなるかもしれません。

ニーズ・シーズ・現実性・収益性を考える

製造前に、ニーズ・シーズ・現実性・収益性をしっかり考えると、失敗しないニッチ商品を生み出すことができ、小さな井戸の中に住む金のカエルになれます。

ニーズとは「必要・需要・要求」のこと。マーケティングでは「消費者が求めているもの、生活で困っているもの」のことです。

「寒いときに暖房器具が欲しい」「走りながら音楽を聴きたい」「いつでも温かい飲み物が欲しい」などがニーズですが、たとえば熱帯地域の人たちには、暖房器具や温かい飲み物はさほど必要ありません。つまり、ニーズはターゲットによって異なるのです。ヒット商品を出すためには、ターゲットをしっかり見分けなければなりません。

商品になりそうなアイデアがあったら、お客さんに感想を聞いてみましょう。自分で考えているだけでは、そこに本当にニーズがあるかどうかはわかりません。

身近な人に、「こういう商品を作りたいんだけど、どう思う?」と聞いてみるのが、最初のマーケティングとなります。

次に、シーズとは「タネ」のことです。企業が持つ独自の技術や企画力がシーズで、新たな商品やサービス、ビジネスのタネとなります。

ニーズとシーズの大きな違いは目線の違いです。**消費者目線がニーズ、企業目線がシーズです。**

ニッチな商品・サービスを開発しようとする際には、自社のシーズによって何が作れるか、そして、そこにニーズがあるかを考える必要があります。

ニーズの大きな商品は、市場も大きいですが競争は激しくなります。大きな市場に入り込むと、中小企業は苦戦することになります。

一方で、ニーズが小さな商品は市場は小さいかもしれませんが、そこには多くの可能性が隠されています。

狙いは、「井戸」のように小さくて深いセグメント（区分）の市場です。市場が小さいからこそ、大手は参入したがらず、一定のニーズがあればひとり勝ちできる可能性があります。

そんなニッチな商品を、「ニーズを絞り、客層を絞り、地域を絞る」発想で考えていきましょう。

あまり大きなニーズを意識すると、ニッチ商品は作れず、金のカエルにはなれません。

現実性・収益性を検討する

アイデア商品の現実性とは、商品として完成可能かどうかのことです。どんなに良いアイデアでも、商品として完成できなければ売ることはできません。

時間がかかりますが、多くの人を巻き込んでどんどん相談してみましょう。ただし、情報が漏れないように、信頼できる人や会社を選ぶ必要があります。

実現が難しいアイデアであっても、あきらめずにその発想を頭の中に入れておきます。そうしておくと、何かのきっかけで現実性と結びつくことがあります。

最後に収益性は、企業にとって一番大切なものです。

良いアイデアであっても、収益率が低いなら、中小企業としては開発や発売をしないほうが良いでしょう。

何度も言いますが、中小企業は利益率が高い商品やサービスにおいて、オンリーワンな金のカエルになる必要があります。

収益性が悪いのであれば、どうすれば収益を上げられるかを第一に考えて、アイデアを練り直す必要があります。原材料を変えたり、国内で製造するだけでなく海外での製造も検討し、コストを下げたりする努力が必要です。

収益性の良い商品を作り上げることができれば、代理店（問屋）や販売店も売りやすくなり、少ない人数で販売攻勢をかけることもできます。

値段を下げることはいつでもできますので、最初は高めの販売価格を設定し、収益性に幅を持たせておくことも大切です。

原材料費を先に決める

商品を販売するかどうかの判断は、原材料費がいくらになるかで決まります。

原価が決まれば、卸値も販売価格も決まります。

さて、その価格は、商品の価値にふさわしいでしょうか。お客さんに受け入れられる価格でしょうか。

似た商品がある場合は、他社の価格と比較して勝負できるかを考えてから最終決断してください。

いくら良い商品でも、お客さんが納得して払えない価格では売れません。価格が見合わない場合は製造・販売しない判断も必要です。あるいは最小限のロットで製造し、市場の反応を見てみるのもいいでしょう。その場合は、売れなかったときの損害額を受け入れる覚悟が必要です。

最小ロット数は製造メーカーによって決まっています。少ないロット数でも製造してくれるメーカーは案外たくさんあるので、あきらめずに探して交渉してみましょう。

イメージが異なったら無理に商品化しない

サンプル品がイメージ通りの商品にならない場合は、そこで断念する勇気も必要です。最初のイメージとかけはなれているのに、意地になって無理に製品化するのは危険です。

アイデアをある程度形にするまでは情熱を持って進める必要がありますが、最終段階では冷静にニーズやシーズ、収益性を考え、製品化するかを決めてください。


商売に失敗はつきものですが、これを製造して失敗した場合、どれだけ損失が出るかの限度額を認識しておきましょう。それがわかっていれば、経営には影響ありません。

一番良くないのは、最初のイメージとは違っていたり、価格が合わないとわかっていたりしながら、意地になって作り続けることです。

実は私にも、ニーズ・シーズ・現実性・収益性をよく考えずに失敗した、次のような経験がいくつもあります。
・興味のある商品を海外で見つけ、そのメーカーの社長と食事をして仲良くなって情が移り、価格的にどうかと思いつつ販売する羽目になったが、やはりうまくいかなかった。
・経費をかけて海外の展示会に行ったので、何か１つ成果を出したいと考えて、展示会で見た商品の１つを取り扱うことにしたが、うまくいかなかった。

・日本にはないというだけの理由で販売にふみ切ったが、売れなかった。
・価格が安いというだけで中国製品に魅力を感じ、輸入販売を試みたが失敗した。
・自分が良いと思ったアイデアを周囲から批判され、ムキになって商品化したがまったく売れなかった。

これらのケースは、冷静さを欠いて無理やり突き進んだ結果だと思っています。

その商品を使っている自分をイメージできるか

いろいろなシチュエーションで、自分が商品を使っている姿をイメージしてみてください。サイズ感、使用感もできるだけリアルに想像しましょう。

ここは使いにくいのでは？　新しい機能を追加できないか？　など、プロトタイプを作らなくてもイメージするだけでいろいろなことが見えてきます。

イメージ化を繰り返すことで、完成度の高いアイデアに成長させられます。結果的に、顧客にとって魅力的で満足度の高い商品に仕上げられます。

商品のデザイン、色、パッケージ、リーフレットなどを作る過程でも、使用イメージがあれば特徴やセールスポイントが明確になり、ターゲットを絞りやすくなります。商品化の最終段階では、試作品を作って実際に手で触れ、使ってみることで、感触やそれを手にしたときの感情なども確認するようにしましょう。

私自身、新しい商品が完成したら、必ず自分で使ってみることにしています。実際に使っていれば、説得力のある営業トークができますし、改善点を見つけてフィードバックすることで製品の完成度も上がります。社員や知り合いに使ってもらい、感想を聞くのも良いでしょう。

否定的な意見を聞くのは誰でも気が重くなりますが、そこには商品を良くする大切なヒントがあることが多いので、しっかりと耳を傾けてください。

作り過ぎるよりは、在庫切れで待たせるくらいがちょうど良い

ニッチ商品は売れるかどうかの予想が立ちにくいので、製造はなるべく最小ロットか

らスタートすることをおすすめします。

私が以前にソーラー蓄電機を手がけたときは、ちょうど東日本大震災が発生し、非常用電源の需要が急激に高まっていました。商品が爆発的に売れ、すぐに在庫が尽き、注文をいただいたお客さんを2か月以上待たせる事態になりました。

それでも、2か月待ちだからといってキャンセルをしたお客さんはほとんどおらず、逆に「2か月待ち」と聞いて注文をくれる新規のお客さんがいました。

それから慌てて2倍、3倍とメーカーに発注を続けましたが、数か月後に特需が去り、製品が多く余ってしまいました。最終的には販売利益と処分在庫を差し引きし、赤字にこそなりませんでしたが、利益は大して出ませんでした。苦い経験です。

売れるのは良いことですが、順調なときほど有頂天にならず、冷静に先を読む必要があります。

ブームで売れているときは、多少お客さんを待たせても売れます。逆に商品がないことでより商品価値が上がるので、あわてて追加発注をしなくてもいいのです。

ブームはいつか去ります。いつがピークかを見極めるのは難しいのですが、最初からブームが去ったときのことを考えておく冷静さを持ちましょう。

逆に、商品発売時にあまりいい感触がなければ、最初の最小ロットで打ち切りにするという選択も必要です。

意地になって長く続けても、マイナスをふくらませるだけです。

ニッチな商品を世に出すとき、「当たり・はずれ」は必ずあります。しかし、とにかく発売しないことには爆発的ヒット商品も生まれません。

失敗して損失が出たとしても、ヒットしたときのリターンのほうがはるかに大きいのですから、挑戦しない手はありません。

仮に売れなくて市場から撤退したとしても、その経験は必ず次に役立ちます。1つの商品で一喜一憂しない冷静な心が必要です。

第7章

市場を広げる営業術

最初から大手を狙う

ニッチな商品ができたら、さあ売り込みに行きましょう!!

このとき大事なのは、近いところ、手の届きやすそうなところから当たるのではなく、**最初から大手との取引を目指すこと**です。

ディスカウントストアで売るより、百貨店で売りましょう。最初から小さな商圏でビジネスを考えると、あとから大きくしようという発想にはなれないものです。エビでタイを釣る事業を目指しましょう。それが金のカエルになる近道です。

「うちみたいな小さな会社を、大手企業が相手にしてくれるわけがない」と考えるかもしれませんが、決してそんなことはありません。大手も新しいアイデアや新しい情報、新しい商品を欲しがっています。当たってみれば、意外と話を聞いてくれるものです。

大手と取引ができると、あなたの会社の信用やステータスが上がり、その後の営業もしやすくなります。

大企業にコンタクトを取る際は、まずは電話でアポを取って訪問するのがベストです。しかし、最近は電話番号を公開していない会社もあるので、ホームページの問い合わせフォームかメールで問い合わせることも多いでしょう。その際は、最初からすべての情報を出すのではなく、「おや、なんだろう？　もっと知りたいな」と興味を持たれる文面にしてください。たとえば「御社が使える画期的な商品を作りましたのでご担当者をご紹介ください」といった感じです。

担当者につないでもらったら、「メールでは伝えにくいので、一度訪問させてくださ
い」と言ってアポを取りましょう。断られても、直接会社に訪問してその担当者を呼び出し、顔を合わせるくらいはしましょう。

大手との取引には3年かける覚悟で

新規顧客の獲得は並大抵な努力ではできません。まずはそのことを頭に入れてから

営業を行ってください。そんな簡単に契約できるなら営業担当者は必要ありません。

特に若い人の場合、まともに相手にしてもらえないかもしれません。でもそれが普通だと思っていれば、それほどストレスにはならないでしょう。逆に若い人のほうが、あまり警戒されず雑談の相手にしてもらえたり、本音を話してくれたりするなど、プラス面もあります。

私は20代のころ、ある会社と取引したいがために1年間、何も仕事がなくても1週間に一度訪問し続けたことがあります。仕事もないのでそれほど話すこともなく、当たり障りのない話をして帰るという日々が続いていました。時には「兄ちゃん、ウチに来ても仕事はないよ」と言われたこともありました。でも私は、「私の商品はこの会社で必ず使ってもらえる」と信じていました。

あるとき、ある設備にトラブルがあり、当時の課長から「あの若い兄ちゃん、いつも来ているから彼に頼んでみてはどうか」と声をかけてもらうことができました。それがはじめての仕事につながりました。これがなければ、今の私もなかったかもしれません。

今言えるのは、売れない時期が、あなたを営業担当者として成長させ強くしてくれ

るということです。その会社とは、私が会社を売却するまでずっとお付き合いさせていただきました。

営業は根《こん》くらべです。どちらが先に音を上げるかです。こちらがあきらめなければ、あちらも「アイツ、なかなかあきらめないな」と、気になる存在になっていきます。そうなるとこっちのもので、あとひと押しです。

相手企業の担当者には、やる気がなかったり、新しいことを好まない人もいます。そういう人に長く営業をかけても、芽が出ることはありません。

また、このような人たちがいる会社では各部署をたらい回しされることも多々あります。「たらい回しにしているうちにあきらめるだろう」とか、「よその部署に押しつけてやろう」という考えなのでしょう。これは保守的な大手企業の常とう手段です。そんなときは、「またこの手を使ってきたか」くらいに思っていると、ストレスになりません。

私は長いときで5年くらい大手企業に通いつめて、直接取引口座を作り、事業をスタートさせたことがあります。会社にもよりますが、保守的な会社だと取引できるまでに平均3年ぐらいは覚悟して営業をする必要があります。

当初は1円のお金にもならないのに3年も営業をするのはきつく、途中で気持ちが折れそうになったこともあります。でも「あきらめたら負けだ」「お客さんとの根くらべだ」という気持ちで誠実に営業を続けていました。

営業がつらいと思うのは、契約後に喜んでもらえるお客さんを想像できないからです。1人の担当者であきらめるのではなく、部署を変えたり、違う担当者を紹介してもらったりしましょう。最後まで粘れば道は開けるものです。

別のお客さんとの取引で利益は上げながら、計画を立てて営業すれば、さほど負担にもなりません。時間がかかることを苦に思わず、粘ってみてください。3年以上かかっても、**大手企業と直接取引ができれば十分な成果**ではないでしょうか。

売上1億円程度の地方の中小企業でも、売上5千億円以上の大手企業と直接取引できるなんて、夢のようなことです。これこそ金のカエルになった瞬間です。

大手との取引実績はPRになる

大手との取引ができれば、積極的にその実績をPRに使いましょう。日本人はブランドに弱いので、小さな会社でも大手企業と取引があると知れば、信頼を得やすくなります。

実際、私も1つの大手企業との取引開始をきっかけに、次に挙げるような大企業との取引を続々と取りつけました。

IHI、SCSK、NEC、大阪ガス、関西電力、九州電力、キンデン、KDDI、コスモ石油、山洋電気、JR西日本、JR東日本、スカパー、セコム、ソフトバンク、中国電力、千代田化工建設、東京ガス、東京電力、東洋ガス、ハンズ、日立造船、富士通、北陸銀行、北陸電力、三菱電機、明電舎、森ビル、ヤフー、横浜銀行（株式会社省略、50音順）

自社の取引企業リストは財産です。会社案内やホームページにも積極的に記載しましょう。

「○○社や○○社も使っていますよ」と言うだけで、相手の警戒が解け、自社の商品やサービスを採用していただけましたし、大手企業への納入実績を見せるだけで、詳細を説明しなくても取引が決まったケースが多々あります。

大手の同業他社の名前が取引企業リストにあると、「あそこも導入しているのか」と、すんなり採用が決まることもありました。ただし、ライバル心の強い企業の場合は逆に、「うちにはうちのやり方がある」と反発されることもあるので、注意が必要です。

会社案内などに納入実績として会社名を記載する場合は、50音順にすると公平な印象を与えます。実績が増えたときはこまめにリストを更新しましょう。実績が増えていくと、それだけで信頼されます。

特に、これまでにない商品やサービスはなかなか受け入れられないので、大手企業との取引実績がものを言います。

安易に下請けで妥協しない

事業を始めたばかりのころは、「仕事をもらえるのなら、どこからでもいい」と、安易に下請け仕事を受けてしまいがちです。しかし、そこは腰を据えて、「元請けと取引ができないか」とじっくり考えたほうがいいでしょう。金のカエルになれば、それも可能になります。

一度下請けに甘んじると、なかなか下請け状態から抜けられなくなります。孫請けやひ孫請けは最悪で、なんの存在感もない会社になります。早くそんな状況からは脱皮して、金のカエルになることを考えてください。

商品を売り込む際は、まず最初に「大手企業との直接取引」を狙います。次に、「大手企業と取引をしている商社との直接取引」、その次に「大手企業の下請け会社との取引」という順番で考えることです。

大手企業は取引口座数をあまり増やしたくないので、子会社経由や下請け会社を紹介されることもあります。しかし、そんなときでもダメもとで、直接取引ができないか担当者にお願いしてみてください。

どうしても子会社や下請け会社経由での取引となった場合でも、次回からは直接取引したい旨を必ず伝えてください。これは金のカエルになるにあたって大切なことです。

一度、子会社との取引の道筋ができると変更できないケースも多くあります。子会社や下請け会社経由の受注では実入りも減りますし、子会社や下請け会社との取引実績を会社案内のリストに載せてもなんのインパクトもありません。粘って交渉することをおすすめします。

金のカエルになるニッチな商材やサービスを持っていれば、大手企業も直接取引を望むはずです。

私の場合も、最初は子会社を紹介されて子会社と取引をしたことがありますが、その後に交渉して親会社の大手企業と直接取引を取りつけたことがあります。

もし子会社や下請け会社経由での取引となったとしても、大手企業への訪問・営業は引き続き行ってください。

大企業にふさわしい会社、人物でいる

暗い印象の人、見た目が貧相な人が営業に来たら、あまり会いたくないと思いませんか？　大手企業の渉外担当者は、日々たくさんの営業担当者に会っています。どうせ会うなら、会って楽しい人や元気がもらえる人、仕事以外の話ができる人と話がしたいはずです。であれば、そのような営業担当者を目指すことです。

担当者は、あなたがどこの会社の人間で、何を販売しているのかは何回か訪問するとわかっているはずです。毎回、同じ商品の説明をしてもしょうがありません。相手を楽しませる雑談、相手が欲しいであろう情報を提供し、存在感を示しましょう。大事なのは名刺を置いてくることではなく、その場に存在感を残していくことです。

情報はギブ・アンド・テイクです。一方的にお客さんから情報をもらうのではなく、こちらも勉強して、普段からお客さんに与えられる情報を仕入れておきましょう。

また、当然ながらお客さんの会社情報や工場の設備、技術的情報などもある程度は理解しておかないと、担当者も相手にしてくれませんし、的を外した営業になります。

私自身も、若いうちから大企業の年長の管理職の人たちと対等に話をするために、情報収集や勉強を欠かさず行ってきました。私は高卒なので、大卒者より学生として勉強した期間は短いですが、社会人となってからどれだけ勉強するか次第で、十分逆転することができると思います。

環境活動・社会貢献もＰＲする

中小企業であっても、環境問題やＩＳＯ、ＳＤＧｓなどに関心を持ち、高い意識を持つようにしましょう。認証を取れるものは取っておきましょう。

ＩＳＯとは、製品やサービス、マネジメントシステムに関して、世界中で同じ品質、同じレベルのものを提供できるようにするための標準的な規格のことです。

認証を受けるためには費用がかかりますが、認証されるということは、あなたの提供する商品やサービスの水準が国際基準で保証されているということです。あるとないのとでは信頼性に大きな違いがあります。

私も以前の会社で、ＩＳＯ１９００１を取得しました。その後は、更新のために書類仕事が増えるなどデメリットも多かったので、何年か経ったあとは継続しませんでしたが、考え方は学ぶことができました。そこで、ＩＳＯの良いところは残して社内で運用するようにしました。

また、ＩＳＯを取得したことは大いにＰＲしました。せっかくお金を払って認証を取ったのに、あまりＰＲしない会社を見かけますが、とてももったいないと思います。名刺やリーフレットに印刷するなどして、大いにアピールしましょう。

金のカエルは目立ってナンボです。ちょっとしたことでもドンドン発信していきましょう。また、メルマガやニュースレターなどで定期的に発信するのも良いでしょう。

私はマスコミも最大限に利用しました。各地の商工会議所には記者クラブがあるので、新聞に取り上げてもらいたい情報があれば、プレスリリースを書いて記者クラブに送っておくと、記事として掲載される確率が高くなります。費用もかかりません。

記者が取材に来た場合は名刺交換をして、次回からは掲載して欲しいネタがあれば直接電話をするといいでしょう。１社だけのスクープとなり、記者からも喜ばれます。

ニッチな商品を持っていると、テレビ局の取材を受けることも多くなります。私はＮＨＫ、ＴＢＳ、テレビ朝日などで商品を紹介してもらえました。もちろん、これらについても費用はかかりませんでした。

映画の撮影にも使ってもらい、映画のエンドロールにブランド名が載ったこともあります。

ターゲットを絞って専門誌に広告を打つのも良いでしょう。この場合は広告費がかかりますが、専門誌であれば一般紙より広告費は安いケースが多く、読者層と商品のターゲットが合致していれば、不特定多数が読む一般紙よりも広告効果が大きいと言えます。

リユース・リサイクルの原材料を使用している場合も、その事実をパッケージなどにしっかり表示することで、環境への意識が高い会社だというアピールになり、会社の信頼度が上がります。

フェアトレードや収益の一部を寄付するなど、社会貢献的な活動も積極的に行い、それをまたパッケージやホームページなどでアピールすることも良いPR活動になります。

こうしたCSR（企業の社会的責任）活動は、大手企業では当たり前に行われていますす。「大企業は余裕があるからできるのだ」と思うかもしれませんが、そこをあえて中小企業がやるから目立つのです。広告費を払うようなものだと思って、やってみてはどうでしょうか。

私は使用済みバッテリーの買取事業をスタートさせるときに、何か社会貢献ができないかと考え、収益の1％を「バオバブの木 里親基金」（マダガスカルで絶滅の危機にあるバオバブの木を植える活動をしている団体が行っている基金）に寄付する仕組みを作って、リーフレットやホームページでもPRしました。

使用済みバッテリーから出る廃プラスチックでボールペンを作り、ノベルティーとしてお客さんに配ったりもしました。

ほかにも、ハイブリッド車やソーラー発電を積極的に導入して、環境を意識した会社であるイメージを発信するなど、いろいろ工夫してきました。

中小企業でありながら社会貢献活動をしていることは、大手企業と取引きする際にも目に留まりやすいのではないかと思います。

ただ製品を売ったりサービスを提供したりするだけではなく、社会貢献要素も入れることで、社員のモチベーションが上がり、仲間になってくれる企業も増えていくなど手応えがあり、それが楽しみにもなりました。

若い人たちは企業のこうした活動に敏感ですので、求人面でも効果があります。環境対策や社会貢献に積極的に取り組んでいきましょう。

見た目にこだわる

買い物に行って、印象の良い人から接客されると、ついつい買う予定のなかったものまで買ってしまうことはありませんか？

お客さんは、ただ商品を買っているのではありません。それをすすめてくれる営業担当者や店員の人柄や印象で商品を買うのです。

営業担当者は身だしなみや持ち物に気をつかいましょう。スーツや靴はもちろん、時計、ネクタイ、靴下、鞄、コート、ハンカチ、名刺入れ、ノート、筆記用具などすべてにおいて、お客さんに見られているという意識を持つようにしてください。

人に選んでもらったり、有名ブランドだから買ったりするのではなく、1つひとつこだわりを持って自分で選んでください。そのほうが愛着がわきますし、気に入ったものを持っていると、それだけで気分が上がります。

あなたのスーツや身のまわり品は、あなた自身をPRする全面広告のようなもの。もしあなたが社長であれば、あなたの見た目が会社の見た目となります。

特に第一印象は大事です。見た目が決まっていれば、「こいつはやるな」と一目置かれ、あなたのステージが上がります。すると商談もしやすくなります。

よれよれの安っぽい服装や安い身の回り品を身につけていると、それだけでその人物の品位が下がります。いくら能力があっても、そういう印象を持たれたら成功の可能性が下がってしまい、とても損です。

中小企業であっても、大手企業の営業担当者に見劣りしないよう、スーツや身のまわり品は必要経費だと思いお金をかけましょう。そのおかげでビジネスがうまくいくのなら安いものです。

ノートパソコンやスマートフォンについても、最新のものを持つと「時代を先取りしている」という印象を与えます。

私はノートパソコンがまだ1台50万円ぐらいする時代に、営業担当者全員にノートパソコンを持たせていました。テレビ電話や携帯電話もいち早く導入しました。これによって「あの会社は新しいことに積極的だ」というイメージを持たれ、よく新規事業の相談を受けるようになりました。

コストはかかりましたが、対外的なアピールという点では非常に効果があったと思います。

情報は命。情報通になろう

できる営業担当者として一目置かれたいなら、日ごろから取引先の担当者だけでなく、いろいろな部署の人と仲良くして情報通になっておくことです。

その情報を必要としている人に、それを教えてあげることで喜んでもらえますし、「どうしてこんな情報を入手しているのか」と、あなたを見る目が変わってきます。

最近はコンプライアンスの意識が高まっていて情報が漏れにくくなっていますが、親しくなっていけば案外いろいろな情報が入ってくるものです。

たとえば人事異動の時期に、課長に「○○さんは今度○○に異動ですか」と引っかけで聞いてみると、「いや、○○は△△に異動だよ」と返事をもらえたりします。人事異動の情報は会社員の最大の関心事なので、この情報を当の○○さんにこっそり教えてあげると喜ばれるでしょう。

こうした情報を得るためには、日ごろからのコミュニケーションに加え、利益度外視で困りごとや相談ごとに対応してあげることが必要です。その積み重ねが良好な人間関係につながりますし、あなたが困ったときには逆に助けられることもあります。

社内で影響力のある人だけでなく、あまり出世欲のなさそうな人も、決してないがしろにせず仲良く付き合うことです。こういう人のほうが案外情報をくれたりするからです。「ちょっと来年の計画を教えてよ」と軽い感じで聞いて、教えてもらったことがよくあります。

営業担当者にとって情報は命です。ほかの人が知らない情報をいかに早く手に入れるかで、競合会社との競争においても優位に立つことができます。

アフターフォローで差をつける

金のカエルになったからといって、「売ったらおしまい」のビジネスでは長続きしません。売った後のアフターフォローにも、独自色のある方法を考えましょう。ほかの会社もやっているようなアフターフォローでは印象に残りません。

製品を納めたあとは、しっかりお客さんが満足しているかどうかを確認すること。納品後の3か月くらいで「その後、製品はいかがですか」と電話やはがきで連絡してみるのも良いでしょう。

このようなアフターフォローは製品そのものに匹敵するほど大切です。売りっぱなしではなく、気にかけてもらっているという印象を持ってもらえれば、次の注文をいただける可能性が上がります。

BtoCの商品やサービスの場合なら、お子さんの誕生日やお客さんの結婚記念日などにお祝いカードを送るのも良いでしょう。そのためには、会員登録などでお客さんの情報を入手できる仕組みを考えておく必要があります。

お客さんは、こちらが思っている以上に、購入したお店や会社のことを忘れてしまうものです。最低でも1年以内にもう一度、来店・購入してもらえる工夫も考えるようにしましょう。

第8章

金のカエルだからこそできること

社員がワクワクして士気が高まる

ニッチな市場でオンリーワンになること＝金のカエルになると、どんな良いことがあるのでしょうか。

金のカエルになれば、社員が活き活きと仕事をしてくれます。士気が高まり、業績も上がっていきます。

もし新規事業がうまくいかなかったとしても、「この会社は新しい事業に積極的だ」と社内で認識してもらえるのでマイナスにはなりません。社内のムードが良いと、いろいろなアイデアが出やすくなり、次のニッチ事業にもプラス効果を生み出します。

ニッチな商品を持つとマスコミも多く取り上げてくれるので社外的に注目され、社員は自分の会社に誇りを持つことができます。社内のムードはますます良くなります。

何より大事なのは、トップが常に明るく前向きでいることです。

もし新規事業がうまくいかず、社内のムードが低下したら、また新たなニッチ事業を作ってムードを盛り上げてください。社員がどうであれ、社長だけは社内のムードに影響されず、前向きで常に新たなニッチ事業を追い求め、いつも良いニュースがあふれる会社にしていきましょう。

優秀な人材が集まる

金のカエルには良い人材が集まります。

中小企業が優秀な人材を集めるのは大変だとよく言われますが、私はニッチな商品とニッチなサービスを作ったおかげで人材面で苦労をすることがありませんでした。

慶應大学、明治大学、法政大学、同志社大学、シカゴ大学、フロリダ大学など、普通なら中小企業など見向きもしないような大学卒の方々が集まってくれました。

また、NTT、NEC、京セラ、パナソニック、日立バッテリー（現・エナジーシステムサービスジャパン）等の大手企業を退職した方々にも声をかけて、社員や顧問に入っていただきましたが、ニッチでオンリーワンな事業をやっているからこそ、面白がって協力してくれたのだと思います。

これらの大企業ＯＢの方たちに入っていただいたおかげで、大企業とのパイプができ、営業効率が高まりました。

良い人材を見つけて入社してもらうことは、社長の重要な仕事です。社長自身や事業、商品に魅力がないと人は来てくれません。

中小企業の今後は、優秀な人材をいかに確保するかにかかっています。そのためにも、ニッチな商品とサービスを持ち、会社を金のカエルに変えていく必要があります。

仲間や協力者が集まってくる

金のカエルには「面白そうなことをやっているから協力したい」「いっしょに何かやりたい」という人が集まってきます。協力者が増えるおかげで、予想もしなかった新規事業が生まれることもあります。新規事業を通じてＮＰＯ法人も作ったので、大手の企業の協力者も加わり、１社ではできないような大きな事業もたやすく実現できるようになりました。行政も、変わったことをしている会社は積極的に支援してくれます。マスコミもニュースに取り上げてくれ、私の会社は多くのテレビや新聞に取り上げられました。

こうやってネットワークが広がっていくことで、得られる情報も増えていきます。展示会でも金のカエルは人気を呼び、変わった面白い人が集まってきます。類は友を呼ぶと言いますが、面白いことをやっていると面白い人たちが集まってきます。**仕事は、面白くて発想が柔軟な人たちとやるのが一番です。**

大企業とも対等に付き合える

ニッチでオンリーワンな会社になると、地方の中小企業では付き合えないような大手企業と取引できます。私の会社は金沢市の片田舎にありますが、ピーク時は売上の約8割は地元以外の会社から仕事をいただいていました。

大手企業と取引ができると、会社のステータスが上がり、ほかの大手企業との取引も増えていくという好循環が生まれます。大手企業から「面白い会社だ」と思われれば、ほかの仕事相手を紹介してくれることもあるでしょう。

こうなると、下請け会社と付き合わなくても、最初から大企業を狙った新規事業を考えることもできるようになります。

優位に交渉ができる

中小企業は下請け仕事に甘んじて、いやな仕事も断れず、価格も先方の言いなりになりがちです。しかし、ニッチなオンリーワン企業なら価格交渉の主導権を持つことができ、優位に交渉ができます。

オンリーワンの商品はほかに比較対象がないから、言い値で価格を決められるのです。また、金のカエルになれば、価格が見合わなければ断ることもできます。できるだけ高い価格で売れれば、利益率の高い事業になります。

オンリーワンの商品であれば、競争入札や相見積もりなしで、1社単独の特命契約を締結することもできます。私も、何度か特命契約で仕事をいただいてきました。
どうせなら、下請けではなく特命契約が取れる会社を目指しましょう。

多くの会社が欲しがる会社になる

新しいことを次々に行う会社は、優良企業との取引が増え、それにより売上が伸び、資産も増えていきます。優良企業と取引していることで会社の信頼性が高まり、企業価値が上がります。特許などの権利やニッチな商品を保有していれば、自社の評価やネームバリューも上がります。

私も約10年前に自社社屋を建て、倉庫を買い入れて、会社の資産を増やしてきました。社屋のデザインにこだわり、ニッチな会社にふさわしい外観や内装にしました。社屋の屋根にはソーラー発電機を設置し、売電事業によって副収入も入るようにしました。社員の士気も上がり、優秀な新入社員を獲得できるようにもなりました。

会社の美化にも注意を払い、私自ら率先して常に清掃を行いました。外に雑草があればすべて抜き取り、内部は塵《ちり》ひとつ落ちていないように清掃を徹底しました。

だからこそ、売却のときには、200社以上からM&Aのオファーを受けたのだと思います。


せっかく事業を行うなら、自己満足ではなく、「人が欲しがる」「うらやましがる」会社にしてください。それが、最後の金のカエルのゴール地点です。

経営者は長くやるものではない

私は4つの会社を創業しましたが、2022年に4社を一括して売却しました。

これははじめから計画していたことではありません。M&Aの会社からの「あなたの会社を数社が買いたいと言っています」という1本の電話が売却を考えるきっかけとなりました。

おかげさまで約200社から買収オファーをいただき、その中の1社と株式譲渡契約を結びました。70歳、80歳になってから会社の継承を考えるのではなく、まだ元気な60代のうちに決断したことは良かったと今も思っています。

「経営者は長くやるものではない」が私の持論です。今考えると「もう少し早くても良かったのではないか」と思うぐらいです。

権力のトップに長くいると、知らず知らずのうちに組織の腐敗や自身の驕《おご》り、事業のマンネリ化が起こり、良いことはありません。事業をマンネリ化させないためにこそ、新規事業を積極的に行ってきた側面があります。

何十年も業績が変わらず同じ仕事をしているのであれば、**トップが変わることが組織にとって一番の刺激**になります。業績が変わらないのは、紛れもなくトップのせいです。好転が見込めないのであれば、経営者は潔く退任し、責任を取るべきです。

私の会社も、売上が10億円に届かず自分の能力の限界を感じていました。私はこれは自分の責任であると自覚できましたが、自分が一番優れていると考えている経営者は世の中に多くいます。経営状態が変わらないのであれば、自ら身を引くことも考えるべきです。

私は現在61歳ですが、今後15年ぐらいはほかの事業にも挑戦できると思っています。次の事業に進むことは決してマイナスではなく、過去の経験をいったんリセットして考える時間ができ、今までの経験や反省をもとに自分を見つめ直す良いきっかけになっています。

M&Aで売れる価値がつくほどの中小企業は少ないですが、私がうまくイグジットできたのは、ニッチでオンリーワンな事業をやり続けてきた「金のカエル」だったからだと思います。

最近は後継者不在で事業承継に悩む経営者も増えています。しかし事業に特徴があり、収益を上げている会社であれば、このようなことで悩まなくて済むはずです。

今からでも金のカエルになって、周りから評価される会社を目指しましょう。

私の場合は計画して売却を進めたわけではありませんが、本書を読まれる経営者の方々は、会社の売却時期なども考えて経営されるのも良いのではないかと思います。

おわりに

28歳で起業し、59歳まで経営を行い、継承者にバトンを渡しました。残念ながら後継者が育たず会社を売却することとなりましたが、後悔はありません。自分なりにやりつくしたと考えています。

今回、出版を機に改めて32年間の思いを整理し、まとめることができました。32年間に渡り、私とともに働いていただいた社員の皆さんや家族には、大いに感謝いたします。

周りを見ても、未だ売上に悩む経営者や人材不足に悩む経営者を見かけます。

この本でも何度も書いてきましたが、失敗は成功への過程です。一度の失敗を恐れ、前に出ないのは将来を閉ざしているのと同じです。

この本が少しでもみなさんに勇気を与え、「自分もニッチな新規事業や新商品の開発に挑戦してみよう‼」と思っていただける方が増えれば、うれしく思います。

また、これから起業を目指す若い人たちに対しても参考になればうれしいです。今後の活動として、新規事業の手助けを考えており、事業の発案段階から営業戦略までサポートします。相談は無料で行っていますので、お気軽にお問い合わせください。

私も、まだまだこれからいろいろな挑戦をしていくつもりでいます。YouTubeチャンネル「放浪クマさんの挑戦」も観てください。また、今年から通信教育課程大学（4年間）で学び直しもするつもりでいます。向上心と好奇心さえあれば、なんにでも挑戦できます。みなさんと同じように、これからも可能性は無限大です！

最後になりますが、私の出版のきっかけを作っていただいたネクストサービスの松尾さんや、すばる舎の菅沼編集長には、出版という私には場違いで慣れない世界で1からアドバイスをいただき、本書を現実化させていただく手助けをしていただいたことに大いに感謝いたします。

今後、社会情勢はますます厳しいものになると思いますが、アイデア豊かな、井戸の中の金のカエルが増殖することを熱望しています。

【著者紹介】

熊谷 亮二

（くまがい　りょうじ）

経営・営業コンサルタント
株式会社オービット 代表取締役
経営士／環境経営士／日本経営士会会員
ゼロイチを作る新規事業請負人
人を集めるコミュ力で熱狂事業を作ったカリスマ経営者

小学生のころから、父親に「お前はサラリーマンになるな」と育てられる。

高校卒業後、まずは資格を取ると決めて航空自衛隊に入隊。地対空ミサイル部隊に所属しテキサスの空軍基地での訓練を経験したほか、西海岸・アリゾナ・ハワイ・メキシコなどを巡り日米の文化の違いに触れる。グランドキャニオンではちっぽけな自分の存在を痛感。

決意を新たに、起業のために除隊。23歳のとき、叔父が経営する電機関係の会社に誘われ、将来社長にしてもらう条件で入社。直後から塗料の新規事業を任されるが、1年目は売上ゼロ。しかし持ち前の粘り強い営業で地元電力会社との直取引を実現させ、事業を成功に導く。

満を持して28歳で特殊塗料販売・施工会社の株式会社アクセスを設立。代表取締役に就任。初年度より順調に業績を伸ばすが、突然メインの取扱メーカーが倒産。大きな危機に立たされる。この経験から「自らがメーカーになる、オンリーワン事業の大切さ」を痛感。オンリーワン事業に特化した異業種の会社を新たに3社設立する。

以後32年間にわたり「競争が起きない事業を作るにはどうしたらいいか」を考え抜き、4社合計で6件の特許を取得。東京電力、関西電力、北陸電力、九州電力、JR、森ビル、ヤフーなどの上場企業と直取引。下請けをせず、競争壁の高いオンリーワンでニッチな新規事業ばかりを展開する。

2022年、さらなる事業拡大を考えてM&Aを決断。約200社もの買収希望会社が殺到する中、4社一括で株式譲渡を行う。

現在は経営・営業コンサルタントとして「新規事業を見つける洞察力」と「スピード感ある事業構築のノウハウ」を後世に伝えるべく、活躍の幅を広げている。

持ち前の人なつこさで、アメリカ・スウェーデン・マレーシア・シンガポール・ベトナム・フィリピン・中国・韓国に信頼できるビジネスパートナーを持つ。

趣味は、キャンピングカーでの日本1周を終え、登山や音楽鑑賞。20歳でフルマラソンのベストタイム2時間49分の記録を持つ。本書は満を持した初の著書。

株式会社オービット
https://orbit-k.com

＼お気軽にご相談ください！／

YouTubeチャンネル
「放浪クマさんの挑戦」

＼ぜひご覧ください！／

競争しないから儲かる！

ニッチな新規事業の教科書

小さな井戸の金のカエルになる方法

2024年10月11日　第1刷発行
2025年 5月23日　第2刷発行

著　者：**熊谷 亮二**

発行者：**徳留 慶太郎**
発行所：**株式会社すばる舎**
〒170-0013　東京都豊島区東池袋3-9-7　東池袋織本ビル
TEL. 03-3981-8651（代表）／03-3981-0767（営業部）
FAX. 03-3981-8638
URL https://www.subarusya.jp/

企画協力：松尾 昭仁（ネクストサービス）
出版協力：中野 健彦（ブックリンケージ）
編集協力：池上 直哉・石井 栄子
デザイン・DTP：村岡 志津加（Studio Zucca）
校　　正：川平 いつ子
編集担当：菅沼 真弘（すばる舎）

印刷・製本：シナノ印刷株式会社

落丁・乱丁本はお取り替えいたします

ISBN978-4-7991-1267-0